中国劳动和社会保障科学研究院资助

高校毕业生就业实证研究 以河南省为例

EMPIRICAL RESEARCH ON
THE EMPLOYMENT OF COLLEGE GRADUATES

A CASE STUDY OF HENAN PROVINCE

李红见 著

社会科学文献出版社
SOCIAL SCIENCES ACADEMIC PRESS (CHINA)

前　言

　　高等教育日益大众化的今天，大学生就业难成为社会热点问题。对河南来说，高校毕业生总量规模较大，且连续多年持续增长。2017 年，河南高校毕业生人数达到 51.7 万人。如果加上往年尚未就业人数，近几年，河南每年需要就业的高校毕业生总量超过 60 万人，约占城镇新增就业人数的 1/3。此外，河南的经济发展层次相对不高，经济结构不够优化，经济增长对高校毕业生等高层次人员就业吸纳能力不足。河南优质高等教育资源稀缺，全省没有一所"985"高校，"211 工程"大学也只有 1 所。高等教育发展现状已经成为制约河南人才培养的重要因素，影响河南高校毕业生整体素质和就业能力的提升，也进一步加剧河南高校毕业生就业的结构性矛盾。由此预见，未来河南高校毕业生就业难将会长期持续。

　　高校毕业生作为青年储备人才的重要组成部分，其价值观念在一定程度上代表和主导着青年群体的价值观，对社会整体价值观具有较强的导向性。如果高校毕业生就业难和就业质量不高的状况长期得不到改善，将会形成非常大的负面社会效应。对此，河南各级政府一直都高度重视高校毕业生的就业工作，将高校毕业生就业问题作为就业工作的重中之重来抓，出台了一系列的就业创业扶持政策，取得了一定的效果，但与高校毕业生群体及社会各界的要求和期望还存在较大差距。

　　当前，伴随着经济社会发展的转型，河南高校毕业生就业工作进入了一个新的阶段。相对以往更多关注高校毕业生"能否实现就业"而言，社会对"能否实现更好就业"的关注度日益提升，高校毕业生的就业工作也亟须从重视"量"到更加重视"质"的转变；同时，贫困高校毕业生群体就业问题日益突出，成为大学生就业工作的关键和难点。高校毕业生就业工作，应更加细分聚焦，从"全面推动"转向"精准发力"。

　　与此相关，对高校毕业生就业问题进行深入精细研究显得更为重要。

《高校毕业生就业实证研究——以河南省为例》正是在这样的背景下得以立项并推动开展的。课题组本着做深、做细、做出价值的理念，在精准采集样本数据、广泛占有资料、深入调研的基础上，厘清了当前河南高校毕业生就业方面的许多基础数据和基本状况，对河南高校毕业生就业质量和水平进行了系统分析和合理评价，同时还重点关注和深入研究了河南高校毕业生困难群体的就业问题，提出了促进高校毕业生就业、提升其就业质量的有关建议。解决高校毕业生就业难题是一项长期系统的工作，我们将会在未来的科研工作中进行持续的追踪研究。

本项目研究成果能够出版发行，首先非常感谢中国劳动和社会保障科学研究院对项目的出版资助，感谢各位领导和专家的关心和关照。此外，河南省发展研究中心白玉副处长从相应角度提供了一篇调研报告，在此一并表示感谢。

李红见

2018 年 3 月

目 录

第一章
绪论

一 河南高校毕业生就业难的
社会背景与原因分析

随着高等教育的大众化，高校毕业生就业难呈现常态化、长期化的趋势。从 1999 年高校扩招以来，我国和河南省的高校毕业生数量急剧增加。1999 年高校扩招当年，我国高校毕业生总数只有 90 多万人，以后每年全国高校毕业生人数都在逐年增加。2017 年，我国高校毕业生人数接近 800 万人，再创历史新高。即便从现在开始减缓扩招速度，但考虑到前些年扩招的高校生陆续进入毕业季，仍可以预见我国高校毕业生就业面临的总量压力近些年内不会得到根本性缓解。

作为我国人口大省之一，河南高校毕业生规模比较大。2017 年河南省高校毕业生总数达到 51.7 万人，约占全国总量的 6.5%。如果加上往年尚未就业的近 10 万人，近几年，河南每年需要就业的高校毕业生总量超过 60 万人，大约占城镇新增就业人数的 1/3。而根据《河南省教育事业发展"十三五"规划》的高等教育发展目标，河南省 2020 年各类高等教育在学总规模将达到 312 万人，高等教育毛入学率预期达到 50%。可见，未来河南高等教育毕业生数量还会保持适度增长，河南高校毕业生新增供给短期内不会下降。

与其他发达省份相比，河南省作为农业大省和新兴工业大省，经济发展层次和经济发展程度不高，经济结构尚不够优化，在全国产业布局和产业分工格局中处于相对不利地位，推动经济转型和产业结构调整尚需一个较长过程，经济增长对高层次人员就业需求带动不足，经济增长尚不能与高校毕业生就业增长实现同步。总体上看，现阶段河南高校毕业生的新增数量远大于社会新增有效需求量。

同时，与高校毕业生规模优势相比，河南高等教育的整体水平还较为落后。河南优质高等教育资源稀缺，全省没有一所"985"高校，"211工程"大学也只有1所。河南高等教育发展现状，已经严重影响河南高校毕业生整体素质和就业能力的提升，也将对未来河南高层次人才培养乃至河南人才强省战略的实施产生相当负面的影响，并将制约河南高校毕业生就业状况的根本改善。

此外，从高校毕业生就业供需衔接上看，季节、区域、公共服务滞后、素质与需求之间脱节等各种因素造成的河南高校毕业生就业供需结构性矛盾在日益上升。预期随着河南社会转型发展和经济结构调整的加快，这种就业结构性矛盾短期内难以根本缓解，甚至有可能进一步加剧。"高校毕业生找不到合适工作、用人单位找不到合适的人"的现象广泛存在。可见，未来河南高校毕业生的就业难题短期内难以根本缓解，促进河南高校毕业生充分就业、提升其就业质量将是一个长期的过程。

二 关注研究高校毕业生就业问题的现实意义

在大学教育日益"大众化"的今天，关注高校毕业生就业问题，尤其是从"以人为本"的理念出发，研究高校毕业生尤其是贫困学生的就业促进和就业改善问题，具有一定的理论价值和现实意义。高校毕业生作为我国青年储备人才的重要组成部分，肩负着人才强国、科技兴国的重大历史使命，对国家的经济和社会发展有至关重要的作用。高校毕业生作为青年中的优秀部分和主导部分，其价值观念在一定程度上代表和主导着青年群体的价值观，这一群体价值观的变动在很大程度上能够反映社会整体价值观的发展趋势，因而也就成了时代变化的晴雨表。促进高校毕业生顺利就业，首先有利于这一群体自身发展和人生价值实现，可以帮助他们增强自身信心和对社会的责任感，引导他们自觉树立正确的价值观和人生观，并促进实现高校毕业生个体的成长与发展，从而带动整个社会人力资本的投入，提升社会人力资源的整体素质。

但是，当前高校毕业生就业难和就业质量不高的负面效应已经开始显现，并产生了一些不良的社会影响。"读书无用论""上大学的不如搬砖的"等错误导向性的观念，已经在很多地方尤其是广大农村地区流行开来，切实对农村家庭和学生造成了很大的负面影响，一些农村学生很早就辍学打工。从长远来看，这对农村人口素质的提升影响较大，并最终会影响到农村各项事业的长远发展，进一步拉大城乡之间的发展差距，使农村成为我国全面建成小康社会战略进程中的滞后区和短板。因此，高校毕业生这个特殊群体能否就业、就业质量如何，不仅仅关系着个人的命运前途，也事关国家人力资源整体素质的提升，事关社会大众的切身利益，关系着我国全面建成小康社会的发展大局。党的十九大决议《决胜全面建成小康社会 夺取新时代中国特色社会主义伟大胜利》中明确提出，"要坚持就业优先战略和积极就业政策，实现更高质量就业和更充分就业"、"提供全方位公共就业服务，促进高校毕业生等青年群体多渠道就业创业"，这为研究高校毕业生就业问题指明了方向。

在社会整体就业压力大的形势下，中央及河南各级政府、各类高校一直非常重视高校毕业生的就业工作，高校毕业生就业也取得了不错的成绩。但相对高校毕业生"能否实现就业"而言，对高校毕业生就业后的群体内部差异、就业质量差异问题的关注度需要进一步提升。尤其是随着经济发展转型日益加快，高校毕业生就业亟须从重视"量"到更加重视"质"的转变，就业管理和服务工作也需要更加细化、更加精准。"如何实现更充分、更高质量就业"问题更加受到高校毕业生群体和社会各界重视和关注。对此，也需要学界给予更加深入、系统的研究。

本项目研究应用性较强，侧重于实证调查。就项目研究本身而言，具有一定的研究借鉴和现实指导意义：一是项目研究中采用的调查、分析方法具有一定的创新性，以调查问卷实证研究形式建立的数据库能够为同类研究提供基础参考；二是调查对象选取时充分考虑了样本的性别、学历、职业、所在产业、所在单位类型等各个方面的比例，有关研究成果能够较为全面、系统、真实地反映近几年河南高校毕业生就业整体和结构状况；三是项目有关成果能够在解决高校毕业生就业难题、改善高校毕业生就业问题上，为政府决策和制定有关政策提供基础参考；四是项目进行的高校毕业生基础信息和就业质量之间的比对分析及有关成果能够为高校人才培养模式和教学改革提供参考；五是项目有关研究结论也有利于引导高校毕业生群体自觉转变就业观念，树立就业质量意识，从根本上提升自身就业层次和水平；六是专项研究贫困高校毕业生就业问题。本研究以问卷调查（3000份，贫困生样本占比约为50%）为基础，利用卡方检验来分析不同样本就业取向的差异性；采用李克特五级量表形式，对就业影响因素根据累积方差贡献率进行因子分析；采用两独立样本 T 检验方法，对均值差异进行检验；在调查分析基础上，对河南贫困高校毕业生就业状况进行分析评价，提出促进高校毕业生困难群体就业的建议。研究更加聚焦，抓住了当前河南高校毕业生就业难题的关键和突破口。

三　河南高校毕业生就业问题研究现状

与发达国家相比，我国对高校毕业生就业尤其是针对高校毕业生就业质量的研究起步相对较晚，已有的研究成果大多是从某个角度或某种层面出发。例如，有分析高校毕业生就业质量出现的问题并提出解决意见的；有研究高校毕业生就业质量指标体系和评价标准的；有从影响高校毕业生就业因素出发进行研究的；也有从高校层面出发，主张提升高校毕业生就业质量，应该从深化教育体制改革，不断完善高校的就业指导体系，拓宽就业市场，消除就业歧视等方面来帮助高校毕业生就业的。总的来看，国内对高校毕业生群体充分就业和就业质量提升的研究更多是从宏观层面出发，尚不够系统，也缺少更深入的实证研究。

中国知网文献检索显示，目前尚没有关于"河南省高校毕业生就业实证研究"的全名系统研究成果，围绕"河南省高校毕业生就业状况"进行调查并展开针对性研究的也很少。已有的研究成果主要侧重对河南省高校毕业生就业现状或就业形势的分析。例如，曾凡清（2014）在当下高校毕业生就业日益成为社会热点问题的社会形势下，重点分析了河南省高校毕业生就业现状及就业发展趋势，力图在就业现状的基础上找到河南省高校毕业生就业的最佳途径；高慧鸽（2013）从中国高等教育扩招带来高校毕业生的就业难题出发，梳理了河南省高校毕业生数量多、人才大都往外省单向流动、就业满意率低等特点，指出了河南高校毕业生就业难的现实，建议通过推动河南高等教育的持续发展，促进实现高校毕业生的顺利就业；赵志伟（2011）对河南省高校毕业生就业困难的问题进行了深入分析和探讨，结合河南省高校毕业生就业的现实特点，在合理界定高校毕业生就业过程的前、中、后期，政府、学校、企业、个人等主体的责任义务之后，得出相应结论并提出解决高校毕业生就业问题的对策措施；买菁菁（2013）通过调查河南省高校毕业生创业情况，分析其中存在的问题及其产生的原因，并且对河南省高校毕业生创业提出了一些建议及应对策略。可见，现有的关于高校毕业生就业方面的研究真正立足于河南高校毕业生群体，进行深入广泛调查，通过大量样本数据进行归纳分析，开展实证研究的尚不是很多。

四　本项目研究主要内容和研究方法

（一）　研究内容

本项目主要内容包括以下几个方面。

第一，河南省高校毕业生就业状况和面临形势分析。通过梳理了解当前河南高校毕业生就业的基本状况，分析河南高校毕业生就业面临的机遇与挑战，对未来河南高校毕业生就业形势做出基本预判。

第二，河南省高校毕业生就业质量状况调查与分析。通过问卷调查（5000份，约占总量的1%），从收入、劳动关系、匹配度、满意度等8个方面来分析评价河南省高校毕业生就业质量基本水平，并进行性别、地域、学历层次、专业背景等方面交叉比对分析评价，总结群体之间的共性特征和规律，为相关决策提供参考。

第三，构建河南省高校毕业生就业支持体系。从政府、高校、社会、个体四个维度，提出系统构建河南省高校毕业生就业支持体系的相关意见和建议。

第四，河南贫困高校毕业生就业专项调查分析与评价。本研究以问卷调查（3000 份，贫困生样本占比约为 50%）为基础，利用卡方检验来分析不同样本就业取向的差异性；采用李克特五级量表形式，对就业影响因素根据累积方差贡献率进行因子分析；采用两独立样本 T 检验方法，对均值差异进行检验，来判断差异的显著性；在调查分析基础上，进行总结评价，提出改善贫困高校毕业生群体就业的建议。

（二） 研究方法

项目主要采用了以下研究方法。

文献法：查阅公开出版文献，检索知网、万方、维普等各网络数据库，充分收集与本项目研究相关的文献资料，并对文献资料进行归纳、整理和比较分析，在吸收借鉴的基础上，进行针对性研究。

问卷调查法：合理确定调查样本的范围和结构比例，通过向调查样本发放统一设计的调查问卷，了解调查对象的基本信息、就业质量情况，并征询相关建议和意见。同时，对样本数据进行处理和交叉比对分析，为项目研究提供基础的数据支撑。

访谈法：通过走访人力资源和社会保障系统、部分高校负责就业方面的机构和人员、部分科研院所有关专家和学者，就项目研究中一些重点和难点问题进行交流和论证；走访部分高校的毕业生代表，了解当前高校毕业生期望、就业的实际状况。通过走访并对走访材料进行研读、分析，有利于进一步厘清课题思路、完善课题框架。

案例分析法：选取典型个体进行分项研究分析，重点分析个体的个人基本信息与其就业质量之间的关联度，并深入分析就业质量的有关影响因素。

数理统计分析法：利用卡方检验来分析不同样本就业取向的差异性；采用李克特五级量表形式，对就业影响因素根据累积方差贡献率进行因子分析；采用两独立样本 T 检验方法，对均值差异进行检验，来确定差异是否具有显著性。

第二章
当前河南高校毕业生就业
状况和面临形势分析

一 当前河南高校毕业生就业的基本状况

目前，河南省高等教育总体规模较大，居全国第四，普通高等学校招生人数突破 50 万人，"十二五"期末河南高等教育毛入学率达到 36.5%，进一步缩小了与全国平均水平的差距，正在向普及化阶段迈进。当前，河南全省研究生培养机构 27 处；普通高等学校 129 所，其中，本科院校 55 所（其中公办 38 所），占 42.64%；高职高专院校 74 所（其中公办 54 所），占 57.36%；成人高等学校 11 所。由于近年来的高校扩招规模持续增大，高校毕业生人数急剧增加，高校毕业生总量就业压力逐年增大。2017 年，河南普通高校毕业生总数为 51.7 万人，其中研究生 1.4 万人、本科生 25 万人、专科生 25.3 万人，较上年增加 0.7 万人，总量再创历史新高。如果加上往年尚未就业的高校毕业生近 10 万人，再加上中专毕业学生，河南当年需要就业的大中专毕业生将近 80 万人，就业总量压力进一步增大。对此，河南始终把高校毕业生就业放在整个就业工作的首位，采取了一系列的就业扶持措施和财税优惠政策，高校毕业生就业工作保持了基本稳定，但在日益严峻的就业压力下，也逐渐呈现一些新的问题。

（一） 总体就业基本稳定，初次就业率开始出现下降现象

近些年，河南高校毕业生的人数持续增加，总体就业保持基本稳定，每年 80% 左右的毕业生在离校前实现就业。截至 2017 年 9 月 1 日，河南省

51.7万名普通高校毕业生中，有42.4万名实现就业，较上年增加1.2万人，就业率为82%，高于上年同期1.14个百分点；总体上看，河南高校毕业生初次就业比率相对稳定，近些年数据都在80%左右，变动幅度不是很大。但如果具体分析年度数据，初次就业率开始出现下降现象。从河南省教育厅发布的高校毕业生就业数据来看，2009年至今，每年河南省高校毕业生就业人数均保持稳步增加；到2017年，这一人数增长了将近1.5倍。就高校毕业生初次就业率看，已经不再是每年保持持续上升态势，个别年份开始出现间断性下降，不过目前下降的幅度不是很大。

（二） 就业流向出现新的变化

面对空前严峻的就业形势，河南高校毕业生的就业流向出现了一些新的变化。一是从产业结构流向看，第三产业吸纳高校毕业生就业的能力明显增强。根据2017年河南人才市场报告，从用人单位所涉及产业分布看，河南省第一、第二、第三产业用人需求比重分别为0.97%、29.69%、69.34%，第三产业在新常态经济下发展最为活跃，吸纳人员就业的能力最强劲，成为吸纳人才就业的主渠道。随着经济结构调整和产业优化升级的不断深入，高校毕业生在第三产业的就业也呈现明显上升趋势。二是从地域分布看，以省内就业尤其是省内中心城市就业为主，县以下基层就业的高校毕业生人数呈逐年增长趋势。根据近些年的有关统计数据进行大致估算，河南高校毕业生就业从地域分布来看，在省内就业的占绝大多数，超过80%，其中郑州、洛阳、焦作、安阳等省内较大城市仍是吸纳高校毕业生就业的主要区域，但县级以下城市吸纳高校毕业生的人数比以往有明显增长。三是从用人主体性质看，非公有企业成为吸纳高校毕业生就业的主体。据统计，目前河南以民营企业为主的非公有企业每年吸纳就业人数占从业人员总数的70%还多，吸纳高校毕业生就业占比也在60%以上，已经成为河南吸纳就业的主渠道。

（三） 自主创业率相对较低

相比而言，河南高校毕业生整体创业率较低，近些年河南高校毕业生创业率在 1% 左右。根据河南省教育厅发布数据，截至 2017 年 9 月 1 日，河南高校毕业生自主创业人数达到 16653 人，其中自主创业高校毕业生人数为 5663 人，占毕业生总数的 1.1%，同比增加 529 人；在校生自主创业 10990 人，同比增加 386 人。河南省教育厅委托第三方社会机构开展的跟踪调查结果显示：目前河南高校毕业生自主创业项目主要集中在零售商业、建筑业、教育业；本科生创业者主要集中在文学、工学和管理学等专业大类；专科生创业者主要集中在电子信息、财经等专业大类。麦可思研究院发布的中国高校毕业生年度就业报告显示：全国 2017 届大学毕业生创业的比例接近 3%，比 2011 届的 1.6% 翻了将近一番。而在发达国家，选择创业的高校毕业生占毕业生总数的 20%～30%。可见，虽然相比以往来说，高校毕业生自主创业人数和创办企业数量有所增长，且高学历层次毕业生创业数量明显增多，比例逐渐增大。但总体上看，河南省高校毕业生自主创业率仍然相对不高，而且创业的层次也相对较低。河南省高校毕业生创业比例如此低的原因是多方面的，但主要还是受就业观念和创业环境的影响，导致高校毕业生缺乏创业理念和创业胆识。

（四）不同专业毕业生供需差异较大

近期有关机构调查结果显示：从河南省高校毕业生整体签约情况看，研究生中的粒子物理、动力机械、翻译等专业，本科中的工程管理、建筑设计、自动化等工科类专业和高职高专中的汽车技术、食品加工、热电管理等技术类专业毕业生就业情况较好，这些专业的毕业生初次就业率均在 90% 以上；相对而言，研究生中的逻辑学、伦理学、教育学专业，本专科中的法学、艺术、心理学、社会体育等文科类专业毕业生就业难现象较为突出，初次就业率均未达到 60%。由上可见，高校毕业生不同专业之间就业市场需求和实际就业状况差异较大。此外，以互联网为代表的新经济行业力量为该类毕业生释放出大量的就业机会。根据河南省人才交流中心发布的年度人才报告，在 2017 年河南人才市场十大热门招聘职位中，计算机、互联网、电子商务类职位排在前三名，约占职位总需求的 10%，这为此类相关专业的毕业生就业提供了市场机会。

（五） 整体就业质量有待提高

近年来，尽管河南省高校毕业生初次就业率保持基本稳定，每年80%左右的毕业生在离校前实现就业。但具体来看，河南高校毕业生就业整体质量尚有待提升。河南省高校毕业生就业收入整体偏低，相当部分毕业生初次就业收入低于社会平均工资；灵活就业人员所占比例较大（每年占比20%左右），整体离职率相对较高，就业稳定性不强；所从事行业和岗位与自己的专业和群体素质层次差距较大，就业的匹配度相对不高；此外，还存在工作压力较大、工作认同感和满意度较低、工作环境较差等问题。从目前来看，河南省社会就业整体供需矛盾突出和毕业生总量压力大的问题依然存在，人才培养与社会需求之间的结构性矛盾依然突出，毕业生就业服务和就业保障机制仍不够健全，高校毕业生就业问题短期内难以得到根本解决。

二　河南高校毕业生就业面临的形势分析

当前，全球经济增长不确定性因素较多，外围经济下行风险没有明显转换趋势，我国社会转型发展、经济结构调整将是一个长期的过程。与此同时，随着国家全面建成小康社会战略的推进，国家对中西部落后地区的发展会更加重视。相比以往，中部崛起战略推进的步伐会进一步加快，也会取得更好的实施效果。河南作为中部传统人口大省和新兴工业大省，具有天然的承接东西区位优势和人力资源优势。预期，随着国家对中部崛起支持力度日益加大，社会转型发展和经济结构调整战略加快推进，系列国家战略规划得以实施，河南面临难得的发展机遇。可以预期，未来河南高校毕业生就业工作面临的宏观环境是较为复杂的，总体上是危中有机。一方面，河南就业总量压力将会持续加大，结构性矛盾会愈加突出，就业难将会长期持续；另一方面，河南就业整体需求会进一步释放，新兴产业发展促进就业需求结构的优化和升级，会创造出更多有质量的就业机会，为缓解河南高校毕业生就业难题提供较好的宏观环境。

（一）　河南高校毕业生就业形势不容乐观

1. 宏观经济形势不利于扩大就业

由于后金融危机的影响，外围经济复苏缓慢，加上国家更加注重发展方式转变，提高了经济波动的容忍度，在以改革调整为主的调控政策下，我国和河南省的经济增长速度明显减缓。2016 年我国 GDP 增速为 6.7%，2017 年上半年 GDP 增速为 6.9%，经济增长速度已连续多个季度运行在 7% 以下。2016 年河南省经济增长速度为 8.1%，2017 年经济增长速度为 7.8%，年度经济增长速度进一步减缓，并已连续多个季度运行在 8.5% 以下。可以预见，过去长期两位数的经济增长态势短期内已经很难再出现。就当前河南整体发展层次和发展水平而言，经济增长的人力要素投入比还比较大，经济增长的就业弹性相对较高，社会就业工作对经济增长的依赖程度还比较高。未来，如果中低速经济增长成为河南经济发展的常态，社会发展转型和经济结构调整成为河南经济社会发展的长期任务和漫长过程，那么河南省扩大社会就业、缓解高校毕业生就业工作将会承受更大的宏观环境压力。

2. 社会就业的总量压力巨大

河南是人口大省，也是农业大省。河南人口总量规模大、劳动适龄人口比例较高，再加上经济发展仍较为落后，劳动参与率较高。河南每年的新增就业需求量很大，加上过去存量就业的释放，河南人力资源供给总量始终维持高位，就业的总量压力长期存在。据测算，当前河南省每年城镇需要就业劳动者都在 200 万人以上，而经济增长只能带动就业增加 90 万 ~ 100 万人，即便算上政府开发的公益性岗位，每年城镇就业的供需缺口仍大约有 100 万人。此外，农村还有近 600 万名富余劳动力需要转移就业。可见，在较长一个时期内，河南社会就业总量压力比较大，河南高校毕业生就业也会愈加困难。

3. 企业招聘更加严格

以往企业大量发布招聘信息，是因为企业在发展期需要大量的人员补给，企业认为一些急需的人才可以在工作中逐渐培养，这也为一部分专业不对口的高校毕业生解决了就业的问题。当经济形势不明朗的时候，企业普遍实行保守的发展战略和紧缩的财务战略，一方面人力资源的补给大幅减少，另一方面用于培养与培训的费用也大幅减少，招聘时会对相关专业的高校毕业生更加优中选优。

4. 公招性工作岗位招聘量增幅有限

经过前些年的公招公选，目前很多岗位已经得到补充，大规模招考已经难以延续。一是近几年各党政机关、事业单位包括乡镇基层工作岗位因大量公招均已得到持续补充。二是部分基层专项招聘计划项目已经实施到期，新的专项计划还没有及时跟上。三是经过这么多年的持续挖潜，公招性岗位开发也已经到了瓶颈期，不可能再像前几年一样，每年都能保持适度规模的增长。

5. 部分就业支持政策落实难

河南为支持高校毕业生就业创业也出台了一些扶持政策，但在实际的执行中，还存在落实难的问题。一是创业扶持政策落实难。如当前高校毕业生信用状况不好评估，各地担保机构担保不积极，加上没有专门用于高校毕业生的担保基金，造成高校毕业生申请小额担保贷款难。二是就业创业基础环境尚有待改善。如高校毕业生创业基地建设相对滞后，各地在建设孵化基地方面，补贴政策没有落实，造成高校毕业生创办的企业无法进驻孵化基地，影响了高校毕业生自主创业的积极性。

6. 就业公平环境尚待进一步改善

在整体严峻的就业形势下，用人主体处于相对强势地位，高校毕业生在就业市场中缺少主动性。如当前部分用人单位在招聘中存在限制户口、学历、院校、性别等就业歧视现象。在国有企事业单位招聘中也存在学历、院校等歧视，有的甚至只要"211"和"985"类院校的毕业生，提高了毕业生就业门槛；部分中小企业还存在不缴或少缴社会保险、不签订劳动合同等违法违规现象，毕业生就业权益保障尚需加强。

（二）河南高校毕业生就业也有难得机遇

1. 河南经济增长后发优势的就业带动

就我国整体发展格局而言，河南经济发展仍然相对较为落后，经济发展的层次相对不高。但经过近些年的发展，河南基础设施、产业发展、人口素质、社会事业发展等都有了显著提升，经济增长的社会基础比较牢固。尽管目前宏观环境复杂难测，但由于工业化、城镇化正在加快推进，河南经济发展具有一定后发优势，将处于难得的战略机遇期。产业结构和消费结构加速升级，内需市场空间广阔，发展活力和后劲不断增强，发展潜力逐步显现，并将逐步转化为发展优势。河南农业现代化、城镇化、工业化的步伐将会进一步加快。这也预示着未来河南经济社会发展对人才有更大的需求空间，会造就更多的就业创业机会，吸纳更多的劳动力，缓解河南省整体和高校毕业生的就业压力。

2. 承接产业转移带来的就业机会

发达国家的经验表明，经济发展到一定阶段之后，产业转移是很自然的态势。近年来在人民币汇率升值、国家贸易政策调整、劳动力成本上升等经济环境变化的压力下，我国东部地区一些劳动密集型产业和"出口大户"，悄然加快向中西部地区转移的步伐，外围经济的动荡加快了这种转移的步伐。同时，河南地处中原，人力资源丰富，具有天然的区位和劳动力资源优势，在承接产业转移的过程中具有相对的竞争优势，承接产业转移的机会相对较多。在世界外围经济短期内难以较快复苏的局势下，预期东部沿海出口型产业向中西部转移的步伐将会进一步加快。尤其是随着国家中部崛起战略的实施和全面推进，河南在承接产业转移方面将具备更多的政策优势，从而对产业转移的吸引力会进一步增大，河南承接产业转移的步伐将会进一步加快，这样就能创造更多的就业岗位，有助于缓解河南的就业压力。

3. 国家战略实施和全面推进产生的就业促进效应

近阶段，河南着眼于服务全国大局与加快自身发展的需要，认真组织，精心谋划，相继推动实施了粮食生产核心区、中原经济区、郑州航空港经济综合实验区、郑洛新国家自主创新示范区、河南自贸区等系列国家战略规划。与此同时，这种国家战略综合带动效应逐渐显现，将形成对河南经济持续较快发展的有力支撑。国家战略设计和起点层次都相对较高，随着系列国家规划逐渐落实和推进，很多的高层次、大体量的现代产业项目将会落户河南，这对优化河南产业结构、推动河南经济的高质量增长具有非常重要的作用，也必将对解决包括高校毕业生在内的高层次、高素质群体就业发挥重要作用。可以预见，河南今后的一个时期，既是系列国家战略规划全面推进的重大时期，也将是经济社会又好又快发展，为全国发展大局做出更大贡献的时期。这将为河南就业工作尤其是高校毕业生就业创造良好的宏观环境。

第三章
河南省高校毕业生就业质量
状况调查与分析

一　河南省高校毕业生就业质量调查有关说明

（一）　调查样本总量和结构情况

根据预先设定的研究目标，本次抽样的调查样本设定为：近五年毕业并在河南省内就业的大专学历以上的高校毕业生（包括硕士研究生和博士研究生）。本次调查既要体现河南省经济和社会结构特点，又要考虑河南高校毕业生群体就业的特殊性，调查范围选取上要尽可能全面，要涵盖不同产业、不同行业、不同类型、不同区域、不同性质等各类型的单位和企业。

1. 样本的总量情况

在抽样调查时，合理确定调查样本总量，必须既要考虑调查研究的需要，又要充分考虑调查成本和基础条件。由于河南高校毕业生总量规模比较大（近几年基本保持在 50 万人左右），经过统筹考虑，我们按照调查对象总规模约 1% 的标准，设定调查样本总量为 5000 份。在调查中实际发放问卷 4680 份，回收 4358 份，有效问卷 4076 份，问卷回收率为 93.1%，回收问卷有效率为 93.5%。

2. 样本的结构情况

通过前期走访各类型就业指导和就业服务机构，了解到近些年河南高校毕业生就业的基本流向和区域分布，同时参考河南城镇从业人员就业的有关情况，在调查问卷发放时就充分考虑了调查样本的区域、年龄、单位类型、行业分布等方面的结构。有效问卷的具体结构情况如下。

（1）样本区域分布情况

问卷发放时，区域分布划分为三个层级（见图3-1）。一是省会城市，即郑州市。考虑到郑州市行政事业单位的集中性及总部经济的特点，郑州市问卷发放占比超过50%。二是省辖市，选取6个地市作为调查典型。鉴于当前就业形势和国家就业导向，流向省内二级城市的高校毕业生有所增多，此部分问卷发放占比约为30%。三是县级城市及以下。选取6个省管县为调查典型，此部分问卷发放占比约为20%。实际回收有效问卷中，郑州市2295份，占比为56.3%；省辖市1027份，占比为25.2%；县级城市及以下754份，占比为18.5%。

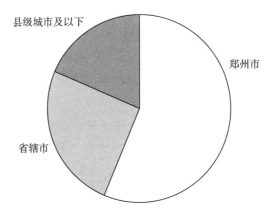

图3-1　调查样本区域分布

（2）样本单位类型分布情况

单位类型分为三类：一是企业，包括个体经营者，这部分是高校毕业生就业的主要流向；二是事业单位，包括教科文卫等各类型事业单位；三是政府机关。实际回收有效问卷中，政府机关116份，占比为2.8%；事业单位919份，占比为22.5%；国有及集体企业623份，占比为15.3%；私营企业1856份，占比为45.5%；外资企业168份，占比为4.1%；其他394份，占比为9.7%（见图3-2）。

（3）样本行业分布情况

参考以往的高校毕业生就业流向，问卷发放时合理确定问卷的行业结

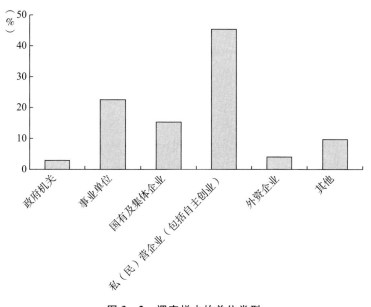

图 3 - 2　调查样本的单位类型

构。实际回收有效问卷中，制造业 631 份，占比为 15.5%；教育行业 410 份，占比为 10.1%；金融业 379 份，占比为 9.3%；卫生、社会保障和社会福利 373 份，占比为 9.2%；建筑业 346 份，占比为 8.5%；信息传输、计算机服务和软件业 304 份，占比为 7.5%；居民服务和其他服务 202 份，占比为 5.0%；农林牧渔业 198 份，占比为 4.9%；文化、体育和娱乐业 174 份，占比为 4.3%；公共管理和社会组织 135 份，占比为 3.3%（见图 3 - 3）。

（4）样本的学历结构情况

调查样本的学历共分三个层次，即大专、本科和硕士及以上。实际回收的有效问卷中，大专 1353 份，占比为 33.2%；本科 2305 份，占比为 56.6%；硕士及以上 418 份，占比为 10.3%（见图 3 - 4）。

（5）样本的毕业院校情况

调查样本的毕业院校共分四个层次，即一本、二本、三本和高职高专。实际回收有效问卷中，一本 933 份，占比为 22.9%；二本 1718 份，占比为 42.1%；三本 407 份，占比为 10.0%；高职高专 1018 份，占比为 25.0%（见图 3 - 5）。

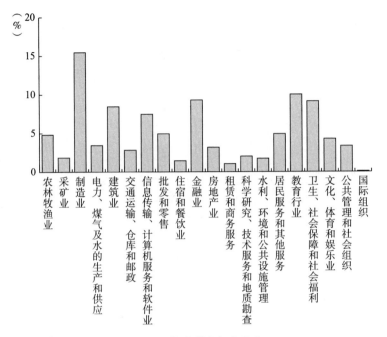

图 3 - 3　调查样本行业分布

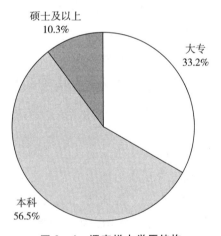

图 3 - 4　调查样本学历结构

（6）调查样本毕业年数结构

在样本设定时，要求是尽可能包括各个年份的毕业生。实际回收有效问卷中，毕业一年的 847 份，占比为 20.8%；毕业两年的 1011 份，占比为 24.8%；毕业三年的 885 份，占比为 21.7%；毕业四年的 600 份，占比为

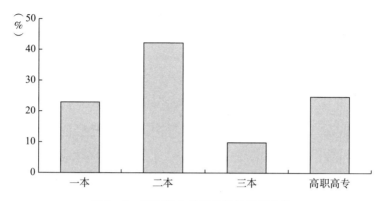

图 3 - 5　调查样本的毕业院校类型结构

14.7%；毕业五年及以上的 733 份，占比为 18.0%（见图 3 - 6）。

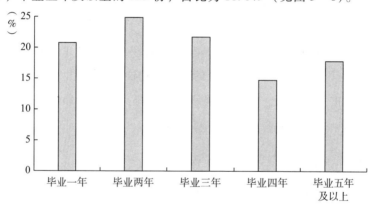

图 3 - 6　调查样本毕业年数结构

（7）调查样本性别结构

在样本设定时，男女比例大体上要基本均衡。实际回收有效问卷中，男性 2048 份，占比为 50.2%；女性 2028 份，占比为 49.8%（见图 3 - 7）。

（二）调查问卷内容的设计

在参考已有研究成果的基础上，结合河南高校毕业生的就业特点，在指标和问题内容上，进行了有针对性的设计。问卷具体内容共分三大部分：第一部分是调查对象的基本信息，包括性别、学历、毕业院校、毕业院校类别、毕业年数、工作地点、单位类型、从事行业、产业类型，共计 9 项；

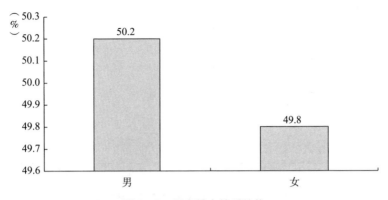

图 3 - 7　调查样本性别结构

第二部分是调查对象就业质量状况调查，主要围绕收入、工作稳定性、工作匹配度、劳动关系、社会保险、单位福利、工作满意度、工作环境 8 个方面，共计 25 个小问题；第三部分是开放式问题，主要征求调查对象对自身就业质量的评价、对提升就业质量的对策和建议。

在问卷的难易度上，尽可能做到简便易行。问卷大部分题项采用封闭式问答形式，极少部分采取开放性问答形式。

（三）　问卷调查渠道和方法选择

因样本总量较大，在现有的资源和条件下，可供选择的调查渠道有四种。一是专业咨询公司代为调查。这种渠道总成本非常高，调研过程也不容易控制。二是课题组成员自己开展。受自身科研条件和资源限制，调查时间会很长，可能影响课题的整体进度。三是人才交流中心和职介中心协助开展。这两种机构的服务对象是以企业为主，调查的全面性会受到影响。四是由高校学生来协助进行。学生工作经验和自身资源都有限，调查的效果会受到影响。

在本项样本抽样调查中，鉴于我们自身的人员状况和科研条件，经过充分考虑各种调查渠道的优劣，最终我们选择统筹运用。一是由专业咨询公司提供技术指导和咨询服务。这样既可以保证调查的专业性、科学性，又能降低调查成本。二是由课题组开展典型调查。部分抽样调查随同实地调研同步展开，根据拟定的样本结构，课题组成员选定典型市、县，以机关、事业单位为主进行抽样投放。三是由各级人才交流中心主要负责企业部分。由省人才交流中心专门下文，对抽样调查的时间、样本的对象、样本的类型结构以及有关注意事项做出明确的规定和说明，由各市县人才交流中心协助开展企业部分的样本投放。四是高校学生负责随机抽样。选取郑州大学、河南财经政法大学等部分高校的学生，通过专业和专项培训，在科技市场、招聘会现场等高校毕业生容易聚集的地方，随机发放问卷，现场回收。

（四） 调查问卷的回收与数据处理

因样本总量较大，样本的渠道较多，为力求样本的真实性、有效性，样本回收后，必须对样本进行甄别、整理，这项工作的工作量也非常大。为此，课题组外聘了3名郑州大学有关专业的在读研究生专门进行回收样本的甄别、整理、录入工作。课题组还专门就这项工作制定了详细的工作规范和要求。一是检查整理必须细化到每份、每一个具体题项。同时，每个人都按照问卷编号进行任务划分，这样有利于问卷的反馈检查工作。二是坚持宁缺毋滥的原则。检查中，凡是出现填写不完整、疑似一人多填、前后明显矛盾等问题的问卷一律以废卷处理。三是采取1%比例的抽查，认真做好样本问卷质量的检查工作。抽查中发现不合格问卷，根据编号找到具体负责人，由其对负责问卷重新进行甄别处理。四是录入结束后，必须经过3个人检查签字后才能进入数据处理程序。

根据调查问卷内容和各项信息之间的关系，对调查问卷的有关信息分3个层次进行处理和分析。第一个层次：各单项之间的统计分析。在这个层次中，以图表的形式，可以很直观地看出各单项的样本选择情况。第二个层次：个人基本信息与就业质量指标之间的对照分析。在这个层次中，除个别指标无法对照外，其余各项个人基本信息与就业质量指标之间逐项对照进行分析。这一层次的数据分析处理结果，是评价和分析河南当前高校毕业生就业质量状况的基本依据，将来也可以作为数据库为相关课题研究提供数据参考。第三个层次：就业质量指标之间的对照分析。在这一层次中，主要是根据相关就业质量指标之间关系的调查结果，通过对照分析，看有关指标之间的关联性和相互影响关系。

二　河南高校毕业生就业质量状况调查分析

（一）　问卷结果的统计分析

1. 收入情况调查结果分析

收入是评价就业质量的核心指标，尤其是在经济发展水平尚处于较低层次，各项社会保障体系不够健全的情况下，收入高低对就业者影响非常大。在我们的调研中，绝大多数受访者认同收入是选择职业的首要因素。收入的关联性指标很多，我们选择了部分指标进行调查分析。

（1）实际收入水平趋于大众化

问卷调查结果显示，实际月收入在2000元及以下的有894人，占比为21.9%；在2001～4000元的有2222人，占比为54.5%；在4001～6000元的有688人，占比为16.9%；在6001～8000元的有163人，占比为4.0%；在8001～10000元的有59人，占比为1.4%；在10000元以上的有50人，占比为1.2%。在整个收入结构中，4000元以下占比达到76.4%（见图3-8）。

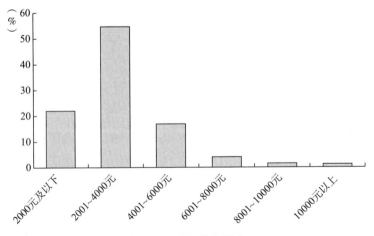

图3-8　实际收入调查

可见，近五年毕业的河南高校毕业生的整体收入水平接近城镇从业人员的平均工资。这也从某种程度上反映了高等教育的变动趋势，由过去的"精英教育"日益转向"平民化""大众化"。

（2）收入稳定性较强

问卷调查结果显示，收入中固定部分占比 80% 以上的有 1822 人，占样本总数的 44.7%；收入中固定部分占比 50% ~80% 的有 1337 人，占样本总数的 32.8%；收入中固定部分占比 30% ~50% 的有 663 人，占样本总数的 16.3%；收入中固定部分占比 30% 以下的只有 254 人，仅占样本总数的 6.2%（见图 3 – 9）。由此可见，调查样本的实际收入的变动性不大，稳定性较强。

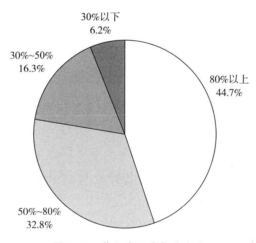

图 3 – 9　收入中固定部分占比

（3）工资增长制度化需要加强

问卷调查结果显示，单位建立工资定期增长机制的有 1879 人，占样本总数的 46.1%；没有建立的有 1072 人，占样本总数的 26.3%；不清楚的有 1125 人，占样本总数的 27.6%（见图 3 – 10）。后两项加起来达到 53.9%，可见工资增长制度化需要加强。

2. 工作稳定性调查结果分析

工作稳定有利于就业者获得持续、可保障的收入和个人职业长远发展，也是了解和评价就业质量的重要指标。由于调查样本是近五年毕业的高校

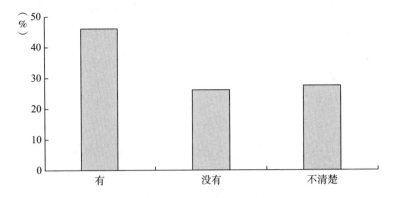

图 3 - 10　工资增长机制调查

毕业生，毕业时间本身就不是很长，所以对这一指标进行评价，只能是一个大致的分析。

（1）毕业以来每份工作平均期限大多在一年以上

调查结果显示，大学毕业以来从事每一份工作的平均时间在 6 个月以下的有 325 人，占样本总数的 8.0%；6～12 个月的有 772 人，占样本总数的 18.9%；1～2 年的有 1318 人，占样本总数的 32.3%；2～3 年的有 621 人，占样本总数的 15.2%；3 年以上的有 1040 人，占样本总数的 25.5%。其中，一年期以上的各项合计占比超过七成，达到 73%（见图 3 - 11）。

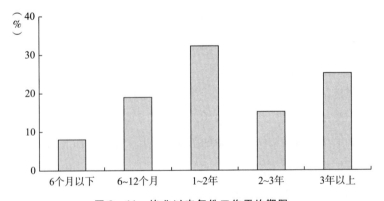

图 3 - 11　毕业以来每份工作平均期限

（2）超过一半的人有过换工作经历

换工作次数调查显示，工作以来没有换过工作的有 1910 人，占样本总数的 46.9%；1～2 次的为 1655 人，占样本总数的 40.6%；3～4 次的为 440 人，占样本总数的 10.8%；4 次以上的为 71 人，仅占样本总数的 1.7%（见图 3－12）。可见，有超过一半的人有过换工作经历，换工作在 2 次及以下的占比接近九成，为 87.5%。

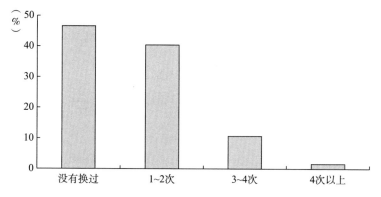

图 3－12 毕业以来换工作次数

（3）个人发展和收入是离职的主要考虑因素

离职原因调查显示，因收入原因换工作的有 1039 人，占样本总数的 25.5%；因个人发展原因换工作的有 1347 人，占样本总数的 33.0%，比例最大；因人际关系或工作环境原因换工作的有 422 人，占样本总数的 10.4%；因单位管理原因换工作的有 201 人，占样本总数的 4.9%；因专业兴趣原因换工作的有 157 人，占样本总数的 3.9%；因其他原因换工作的有 910 人，占样本总数的 22.3%（见图 3－13）。个人发展和收入因素是离职的主要原因，二者合计占比达到 58.5%，接近六成。

3. 职业匹配度调查结果分析

（1）超过六成的人认为从事职业与所学专业有联系

职业与专业关联性调查结果显示，调查对象认为自身职业与所学专业对口的有 1666 人，占样本总数的 40.9%；有一定联系，时而用到专业知识的有 1027 人，占样本总数的 25.2%；关系甚微，很少用到专业知识的有 764 人，占样本总数的 18.7%；毫无关系的有 619 人，占样本总数的 15.2%

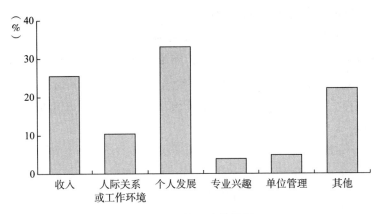

图 3 – 13　换工作的原因

（见图 3 – 14）。职业与专业有联系或对口的占比超过六成，占样本总数的 66.1%。

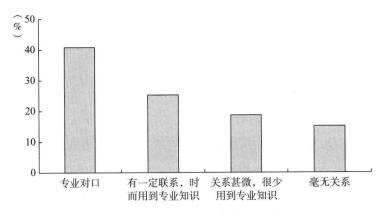

图 3 – 14　职业与专业匹配情况

（2）超过八成的人认为从事职业与个人能力匹配

职业与能力关联性调查结果显示，调查对象认为自身职业与个人能力匹配的有 1111 人，占样本总数的 27.3%；基本匹配的有 2348 人，占样本总数的 57.6%；不匹配的有 617 人，占样本总数的 15.1%（见图 3 – 15）。认为从事职业和个人能力匹配或基本匹配的合计超过八成，占比达到 84.9%。能力匹配评价是个人的一种主观判断，匹配度高说明样本对自我能力的认知还是比较乐观的。

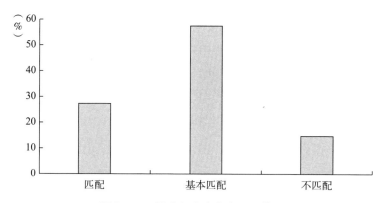

图 3 - 15 职业与个人能力匹配情况

（3）超过九成的人对从事职业有兴趣

对职业的兴趣调查结果显示，对自身职业有兴趣的有 1333 人，占样本总数的 32.7%；还可以的有 2358 人，占样本总数的 57.9%；没兴趣的只有 385 人，占样本总数的 9.4%（见图 3 - 16）。对从事职业有兴趣的超过九成，占比达到 90.6%。

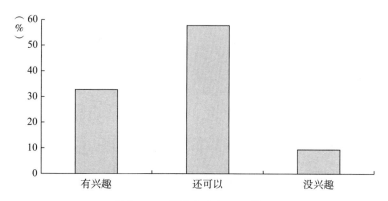

图 3 - 16 职业与兴趣匹配情况

4. 劳动关系情况调查结果分析

（1）超过七成的人签订劳动合同

劳动合同签订情况调查结果显示，签订合同的有 3195 人，占样本总数的 78.4%；未签订的有 881 人，占样本总数的 21.6%（见图 3 - 17）。从调查结果看，劳动合同签订率不高，这可能与样本的特殊性有关，一是机关全体和事业单位部分人员不用签合同；二是刚入职的尚在试用期的还没有签合同。

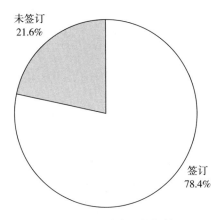

图 3 – 17　劳动合同签订情况

在签订合同的调查样本中，合同期限在一年及以下的有 399 人，占样本总数的 9.8%；一到三年的有 1647 人，占样本总数的 40.4%；三年以上的有 1149 人，占样本总数的 28.2%（见图 3 – 18）。

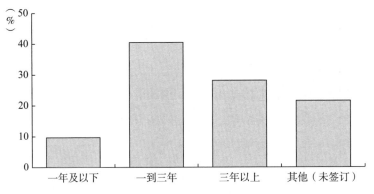

图 3 – 18　签订合同期限情况

（2）超过六成的人没有参加工会

参加工会情况调查结果显示，参加工会的有 1416 人，占样本总数的 34.7%；未参加的有 2622 人，占样本总数的 64.3%；不清楚的有 38 人，占样本总数的 1%（见图 3 – 19）。这也说明工会在构建和谐劳动关系的过程中，没有充分发挥应有的作用。

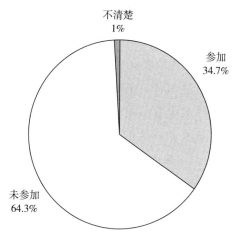

图 3 - 19　参加工会情况

（3）近六成的人认为与单位劳动关系比较和谐

调查结果显示，认为与单位劳动关系比较和谐的有 2337 人，占样本总数的 57.3%；一般的有 1555 人，占样本总数的 38.2%；不和谐的有 184 人，占样本总数的 4.5%（见图 3 - 20）。这说明在就业压力大、用人单位与劳动者地位不对等的情况下，会有相当部分的劳动者与单位之间关系不够融洽。

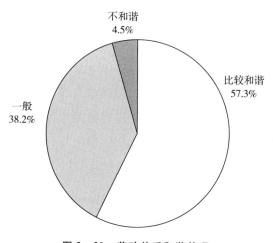

图 3 - 20　劳动关系和谐状况

5. 社会保障缴纳情况调查结果分析

（1）五险一金缴纳情况不够理想

问卷结果显示，五大险种的参保率除养老保险、医疗保险超过80%外，其他险种参保率都没有超过70%。相对较低的参保率可能与选取的调查样本构成有关，因为调查样本中有一定比例的处于试用期的人员或者机关事业单位人员，这部分人员有相当大的比例没有参保。实际调查结果为：缴纳养老保险的有3386人，参保率为83.1%；缴纳医疗保险的有3497人，参保率为85.8%；缴纳工伤保险的有2801人，参保率为68.7%；缴纳失业保险的有2520人，参保率为61.8%；缴纳生育保险的有2049人，参保率为50.3%（见图3-21）。

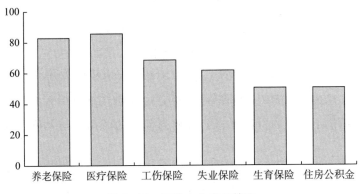

图3-21　五险一金参加情况

（2）社保缴费按当地最低工资标准的超过四成

社保缴费标准调查显示，按当地最低工资标准进行缴费的有1782人，占样本总数的43.7%；按实际应发工资进行缴费的有1698人，占样本总数的41.7%；以低于实际工资进行缴费的有596人，占样本总数的14.6%（见图3-22）。在实地走访中，我们了解到有些用人单位因社保成本较高，不愿意参保或者以低于实际工资的标准参保。

6. 福利待遇情况调查结果分析

（1）近六成的人能够享受带薪休假

问卷结果显示，能够享受带薪休假的有2347人，占样本总数的57.6%；不享受带薪休假的有1729人，占样本总数的42.4%（见图3-

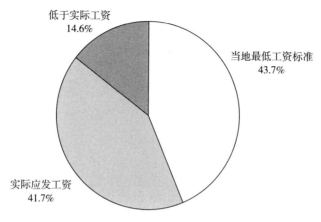

图 3 - 22 缴费标准调查

23）。可见，带薪休假的政策在实际执行中并没有得到很好的落实。

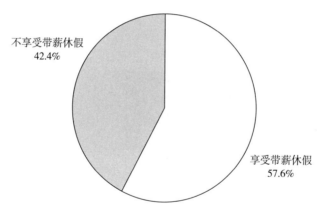

图 3 - 23 带薪休假情况

（2）只有三成的人表示有较多的培训机会

问卷结果显示，培训机会较多的有 1226 人，仅占样本总数的 30.1%；培训机会较少的有 2131 人，占样本总数的 52.3%；没有培训机会的有 719 人，占样本总数的 17.6%（见图 3 - 24）。这说明，目前用人单位对职工的培训及个人发展不够重视，没有系统的、长期的培训规划。

（3）近八成的人对单位整体福利评价偏负面

对所在单位整体福利评价调查结果显示，认为单位整体福利一般或不好的分别有 2466 人、768 人，分别占样本总数的 60.5%、18.8%，二者合

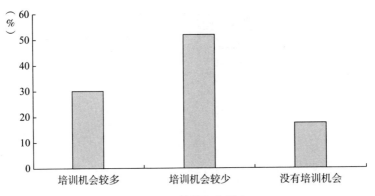

图 3 - 24　培训机会调查

计占样本总数的近八成，达到 79.3%；认为单位福利好的仅有 842 人，占样本总数的 20.7%（见图 3 - 25）。

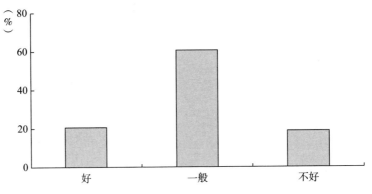

图 3 - 25　单位整体福利评价

7. 工作满意度评价调查结果分析

（1）不到五成的人对从事工作感到满意

对现在从事工作满意度的调查结果显示，评价非常满意或满意的分别有 372 人、1619 人，分别占样本总数的 9.1%、39.7%，二者合计占样本总数的 48.8%，接近 50%；另外，评价一般的有 1796 人，占样本总数的 44.1%；评价不满意的有 289 人，占样本总数的 7.1%（见图 3 - 26）。

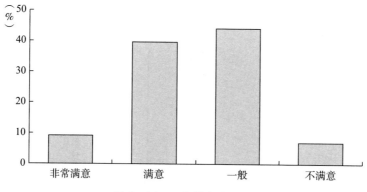

图 3 - 26　工作满意度评价

（2）超过六成的人对所在单位及行业声誉评价偏负面

对所在单位及行业声誉评价的调查结果显示，评价一般或差的分别有2223 人、288 人，分别占样本总数的 54.5％、7.1％，二者合计占样本总数的比例超过六成，达到 61.6％；评价好的只有 1565 人，仅占样本总数的38.4％（见图 3 -27）。

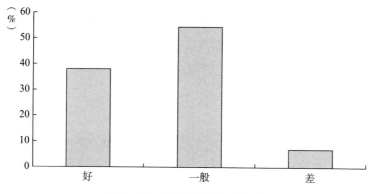

图 3 - 27　单位及行业声誉评价

（3）超过六成的人对个人发展前景评价偏负面

对个人发展前景评价调查结果显示，评价发展前景一般或看不到希望的分别有 2123 人、519 人，分别占样本总数的 52.1％、12.7％，二者合计占样本总数的比例超过六成，达到 64.8％；评价发展前景良好的只有 1434人，仅占样本总数的 35.2％（见图 3 -28）。

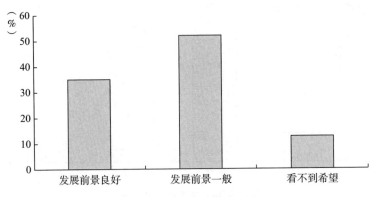

图 3 - 28　个人发展前景评价

8. 工作环境调查结果分析

（1）超过八成的人表示存在加班情况

加班情况调查结果显示，经常或偶尔加班的分别有 1263 人、2000 人，分别占样本总数的 31.0%、49.1%，二者合计占样本总数的比例超过八成，达到 80.1%；基本不加班的只有 813 人，仅占样本总数的 19.9%（见图 3 - 29）。这说明，当前加班已经常态化，而且我们走访也了解到，很多人表示加班并没有加班补贴。

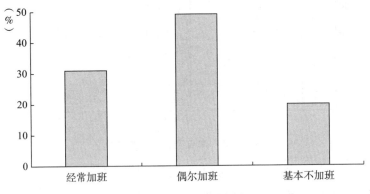

图 3 - 29　加班情况调查

（2）五成多的人表示工作压力大

工作强度及压力评价调查结果显示，压力很大或比较大的分别有 619 人、1675 人，分别占样本总数的 15.2%、41.1%，二者合计占样本总数的比例超过五成，达到 56.3%；表示压力一般或工作轻松的分别有 1534 人、248 人，分别占样本总数的 37.6%、6.1%（见图 3 - 30）。通过实地走访，我们认为当前工作压力大有多重原因，既有工作环境因素，如工作强度大、工作要求高、工作持续时间长等原因，也与社会环境有关，如家庭和社会各方面压力过大带来的溢出转移，还有个人因素，如个人调节能力、人际交往能力的缺失等。

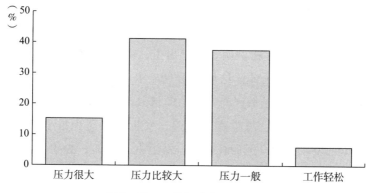

图 3 - 30　工作强度和压力评价

（3）超过七成的人认为单位人际关系较好

人际关系评价调查结果显示，认为单位人际关系良好的有 2929 人，占样本总数的 71.9%；认为单位人际关系一般的有 1031 人，占样本总数的 25.3%；认为单位人际关系紧张的有 116 人，仅占样本总数的 2.8%（见图 3 - 31）。

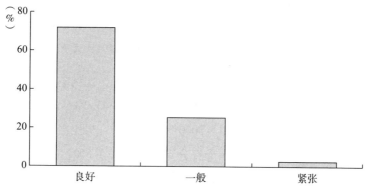

图 3 - 31　单位人际关系评价

（二） 部分相关指标之间的对照分析

在整理、统计问卷结果的基础上，我们进行了有关质量指标与基本信息、部分质量指标之间的对照性分析，分析的结果如下。

1. 有关质量指标的性别差异比对分析

（1）男生整体收入要高于女生

从收入与性别的对照分析结果看，男生的整体收入要明显高于女生。从整体上看，男女生的月收入差距以 4000 元为节点，月收入在 4000 元以下较低或低收入区间的女生比例明显多于男生，而 4000 元以上较高或高收入区间的男生多于女生。从具体结构上看也显示出两个特征，一是月收入在 4000 元及以下的，收入越低区间女生比例越大。如月收入在 2000 元及以下样本中，女生占 55.7%，男生占 44.1%，女生比例高于男生 11.6 个百分点；月收入在 2001~4000 元的样本中，女生占 51.6%，男生占 48.3%，女生比例高于男生 3.3 个百分点（见图 3-32）。

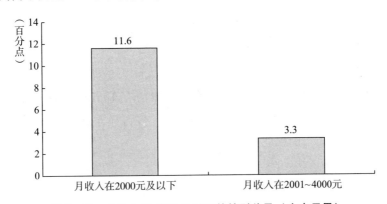

图 3-32　月收入在 4000 元以下的性别差异（女大于男）

二是月收入在 4000 元以上的，收入越高区间男生比例越大。比如月收入在 4001~6000 元的样本中，男生占 56.8%，女生占 43.2%，男生比例高于女生 13.6 个百分点；月收入在 6001~8000 元的样本中，男生占 66.3%，女生占 33.7%，男生比例高于女生 32.6 个百分点；月收入在 8001~10000 元的样本中，男生占 72.9%，女生占 27.1%，男生比例高于女生 45.8 个百分点；月收入在 10000 元以上的样本中，男生占 74%，女生占 26%，男生比例高于女生

48 个百分点（见图 3 - 33）。这一结果也显示，男生的收入明显高于女生。

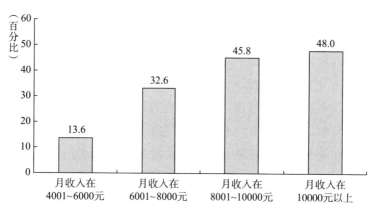

图 3 - 33 月收入在 4000 元以上的性别差距（男大于女）

（2）女生的工作明显比男生更为稳定

在总量样本性别基本均衡的情况下，分析换工作次数的性别构成可知，女生换工作的次数明显少于男生，工作较男生更为稳定。从毕业以来换工作次数看，没有换过工作的样本中女生比例比男生高 4.3 个百分点，有过换工作经历的样本中男生比例都比女生高，如换工作 1~2 次的男生比女生高 2.7 个百分点，换工作 3~4 次的男生比女生高 11.2 个百分点，换工作 4 次以上的男生比女生高 24 个百分点（见图 3 - 34）。可见，工作稳定性的性别差异随换工作次数增多而增大。从毕业以来每份工作的平均期限看，六个月以下短期限的样本中男生比女生高近 10 个百分点，而三年以上的样本中

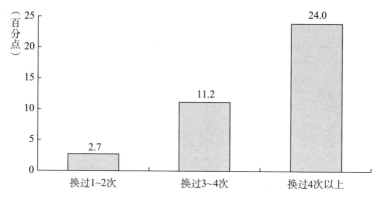

图 3 - 34 换工作次数的性别差距（男与女比较）

女生比男生高3.4个百分点。这种状况与男女生的性别特质及求职心理有关，女生可能倾向于从事教师、办公行政、管理等较为稳定的工作，且不愿意主动去换工作；而男生可能更倾向于具有较高收益、变动性比较大的如销售、投资等行业，且敢于主动换工作。

（3）男女生在职业匹配评价方面各有侧重

在职业与专业匹配度评价上，男生自我评价要好于女生。问卷分析结果显示，回答职业与所学专业有联系的样本中男生比女生高了12.3个百分点，而认为职业与所学专业毫无联系的样本中女生比男生高了近10个百分点。我们在实地走访中也发现两个倾向：一是女生在选择职业时更重视职业本身，而不是未来职业与专业的融合和匹配；二是一般男生所学知识面较为宽泛，更容易与从事工作产生联系。

在职业与能力匹配度评价上，女生自我评价要好于男生。调查分析结果显示，回答职业与能力匹配的样本中女生比男生高了3.4个百分点，而认为职业与能力不匹配的样本中男生比女生高了11.2个百分点。分析这种情况的原因，一个可能是由于女生思维内敛，工作后可能会更加勤奋，熟悉岗位较快；另一个也可能是男生对自己的能力评价偏高，认为自己有能力从事更具有挑战性的工作。

在职业与兴趣匹配度评价上，女生比男生要更为乐观。分析结果显示，回答对目前工作感觉还可以的样本中女生比男生高了3.9个百分点，而回答对工作没有兴趣的样本中男生比女生高了13.8个百分点（见表3-1）。这可能与女生在对待工作上更容易调整心态，更随遇而安有关。

表3-1 职业匹配评价的性别差异分析（男与女比较）

质量指标	评价选项	男（%）	女（%）	男女占比差（百分点）
职业与专业匹配度评价	有联系	56.1	43.8	12.3
	毫无关系	45.3	54.7	-9.4
职业与能力匹配度评价	匹配	48.3	51.7	-3.4
	不匹配	55.6	44.4	11.2
职业与兴趣匹配度评价	还可以	48	51.9	-3.9
	没有兴趣	56.9	43.1	13.8

（4）工作满意评价整体偏中性，负面评价的性别差异大

问卷分析结果显示，在工作满意度评价方面，整体上男女生评价都偏中性，性别差异不是很大，比如在工作满意度的整体评价上，男女生都有超过四成的人对从事工作评价为一般；从对所在单位或行业社会声誉评价上看，男女生中均有超过 50% 的人评价为一般；从对个人发展前景评价上看，男女生中均有超过 50% 的人评价为一般。

但是在评价偏负面的样本中，男生比例明显高于女生，比如工作满意度评价中选项为"不满意"的样本共有 287 人，其中男生、女生样本数分别为 170、117 人，男生比例高于女生 18.4 个百分点；所在单位或行业社会声誉评价上选项为"差"的样本共有 288 人，其中男生、女生样本数分别为 176、112 人，男生比例高于女生 22.2 个百分点；个人发展前景评价上选项为"没有希望"的样本中，男生也高于女生 3.6 个百分点（见表 3-2）。

表 3-2　工作满意度负面评价的性别差异分析（男与女比较）

质量指标	评价选项	男（%）	女（%）	男女占比差（百分点）
工作满意度评价	不满意	59.2	40.8	18.4
单位或行业声誉评价	差	61.1	38.9	22.2
个人发展前景评价	没有希望	51.8	48.2	3.6

（5）劳动关系和谐度评价上女生比男生更为乐观

问卷分析结果显示，对所在单位劳动关系和谐度评价上，女生比男生要更为乐观。在回答劳动关系比较和谐的样本中，女生占比比男生高 1.5 个百分点；而回答不和谐的样本虽然总量不大，但男女差异非常大，男生占比要高出女生 21.8 个百分点（见表 3-3）。这说明女生在协调关系方面可能具有性别优势，或者说女生对劳动关系的主观判断更为乐观。

表 3-3　劳动关系和谐度评价的性别差异分析（男与女比较）

质量指标	评价选项	男（%）	女（%）	男女占比差（百分点）
单位劳动关系和谐度评价	比较和谐	49.2	50.7	-1.5
	不和谐	60.9	39.1	21.8

2. 有关就业质量指标的学历差异比对分析

（1）收入与学历有明显的正相关性

由于样本设计时，各学历样本的构成不均衡，要看样本的学历与收入的相关关系，可以看不同学历样本中各收入段的分布情况。整体上看，2001～4000元是各学历样本月收入分布比较集中的区间，在这个收入区间内学历为大专、本科、硕士及以上的样本集中度都在50%左右。除2001～4000元这一收入区间略有差异，各学历样本在其他不同收入区间的分布具有明显正相关性：低学历者在2000元及以下的低收入区间内比例大，高学历者在4000元以上较高收入区间内比例大。比如，大专、本科、硕士及以上样本月收入在2000元及以下的占比依次为30.5%、19.1%、9.8%，月收入在4000元以上的占比为14.8%、25%、43.3%（见图3－35）。也就是说，大专学历的样本中有超过三成的人月收入在2000元及以下，而硕士及以上学历的样本中有超过四成的人月收入在4000元以上，不同学历的收入差异还是较为明显的。

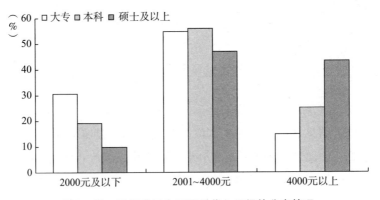

图3－35　不同学历在不同月收入区间的分布情况

（2）学历越高工作稳定性越强

从学历与换工作次数交叉分析结果看，整体上，样本的学历越高，换工作的次数就越少，工作就更为稳定。如大专学历的样本中工作以来没有换过工作的有37.5%，本科有49.4%，硕士及以上的高达61.5%（见表3－4）。从工作以来每份工作的平均期限看，大专学历的样本平均期限在六个月及以下的有9.3%，本科有7.4%，硕士及以上有6.9%；而大专学历的样本平均期限在三年以上的有 20.6%，本科有 27.2%，硕士及以上有 28.7%。学历越高短期限占比越小，长期限占比越大，这说明学历越高工作的稳定性就越强。这可能与不同学历从事的工作类型不一样有关，硕士及以上的样本进机关、高校、事业单位或国有企业的比较多，工作相对较为稳定。

表 3 - 4　学历与工作稳定性相关分析

单位：%

学历	换工作次数			
	没有换过	1~2 次	3~4 次	4 次以上
大专	37.5	45	14.5	2.7
本科	49.4	40	9.2	1.2
硕士及以上	61.5	29.4	6.9	1.4

（3）学历越高工作匹配度评价越乐观

从学历与工作匹配度评价交叉分析结果看，整体上，样本的学历越高，对工作的匹配度评价越好。比如，硕士及以上学历样本中有 30.9% 的人认为目前工作是自己理想职业，有 53.3% 的人认为从事工作与所学专业对口，有 32.8% 的人认为从事工作与个人能力匹配，有 46.2% 的人对自己工作有兴趣，几方面评价都要好于本科和大专学历的样本，且学历越高评价越好；而偏负面评价中，大专学历样本中有 30.5% 的人认为目前工作不是自己的理想职业，有 19.1% 的人认为从事工作与所学专业毫无关系，有 15.7% 的人认为从事工作与个人能力不匹配，有 9.9% 的人对自己的工作没有兴趣，几方面评价都差于本科和硕士及以上学历的样本，且学历越低评价越差（见表 3 - 5）。

表 3 - 5　职业匹配评价的学历差异分析

单位：%

质量指标	评价选项	大专	本科	硕士及以上
工作与期望匹配评价	是理想职业	22.2	22.3	30.9
	不是	30.5	26	17
工作与专业匹配评价	专业对口	36.1	41.4	53.3
	毫无关系	19.1	13.9	8.6

续表

质量指标	评价选项	大专	本科	硕士及以上
工作与个人能力 匹配评价	匹配	27.4	26.2	32.8
	不匹配	15.7	14.5	14.1
工作与个人兴趣 匹配评价	有兴趣	29.6	32.1	46.2
	没兴趣	9.9	9.2	7.7

（4）学历越高对工作越满意

从学历与工作满意度的交叉分析结果看，各学历中硕士及以上评价为满意的比例最大，而且学历越高工作满意度评价越好。比如，各学历中评价为满意的硕士及以上最高为46.4%，本科为41.2%，大专为35.2%，硕士及以上高于大专11.2个百分点；评价为非常满意的硕士及以上的比例也是最高为12.2%，高于本科和大专均3个百分点以上；评价为一般或不满意的学历中大专比例都是最高，硕士及以上都是最低。

从学历与所在单位和行业社会声誉评价的交叉分析结果看，各学历中硕士及以上中评价为好的比例最高，而且学历越高认为自己所在单位和行业声誉越好。比如，硕士及以上学历样本中有48.1%的人认为单位和行业声誉好，高于本科9.5个百分点，高于大专13.4个百分点；评价为一般的大专略高于本科，但高于硕士及以上超过10个百分点；评价为差的学历中大专的比例最高，本科和硕士及以上比例非常接近。

从学历与个人发展前景评价的交叉分析结果看，学历越高对自己的发展前景越看好。比如，硕士及以上学历中，有46.9%的人认为自己发展前景良好，高于本科11.1个百分点，高于大专16.6个百分点；只有11.2%的人认为自己发展希望不大，这与本科相当，但低于大专的15.7%（见表3-6）。

表3-6 职业满意度评价的学历差异分析

单位：%

质量指标	评价选项	大专	本科	硕士及以上
工作满意度评价	非常满意	8.0	9.2	12.2
	满意	35.2	41.2	46.4

续表

质量指标	评价选项	大专	本科	硕士及以上
工作满意度评价	一般	47.2	43.7	35.9
	不满意	9.6	5.9	5.5
所在单位和行业声誉评价	好	34.7	38.6	48.1
	一般	56.7	55	45
	差	8.4	6.3	6.7
个人发展前景评价	良好	30.3	35.8	46.9
	一般	53.9	52.8	41.9
	看不到希望	15.7	11.2	11.2

（5）工作压力整体较大，本科学历最为明显

从学历和工作压力评价的交叉分析结果看，各学历样本认为自己工作压力较大或很大的都超过五成，其中本科为58.1%，高于大专（53.1%）和硕士及以上（56.7%）；认为自己工作轻松的，大专有7.7%，高于硕士及以上的6%和本科的5.2%（见表3-7）。综合看，各学历中本科的工作压力评价最大，而大专的工作评价相对较好。

表3-7 工作压力评价的学历差异分析

单位：%

质量指标	评价选项	大专	本科	硕士及以上
工作压力评价	很大	14.9	15.5	14.4
	比较大	38.2	42.6	42.3
	一般	39.2	36.7	37.3
	轻松	7.7	5.2	6.0

3. 有关就业质量指标的学校类型差异比对分析

（1）毕业院校越好收入相对越高

从毕业院校类型和收入的交叉比对分析结果看，整体上，各类院校毕业生中月收入在2001~4000元的比例均超过了50%，差别不大。但不同院校毕业生在较低或较高的收入区间内，存在明显的差异：毕业院校越好，

在 2000 元及以下的低收入区间内比例越低，在 4000 元以上较高收入区间内比例越高。看不同院校毕业生在不同收入区间内的具体分布，一本、二本、三本、高职高专在 2000 元及以下较低收入区间内的比例明显随一本、二本、三本、高职高专而依次上升，在 4000 元以上的较高收入区间内的比例却随一本、二本、三本、高职高专依次下降。如一本中只有 12.5% 的人月收入在 2000 元及以下，35.7% 的人月收入在 4000 元以上。而高职高专情况基本相反，有 32.7% 的人在 2000 元及以下低收入区间，只有 13.9% 的人在 4000元以上较高收入区间（见图 3－36）。

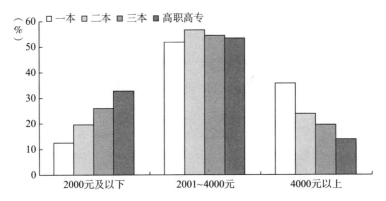

图 3－36　不同院校在不同收入区间的分布情况

（2）毕业院校越好工作相对越稳定

从毕业院校类型与换工作次数交叉分析结果看，整体上，样本的毕业院校越好，换工作的次数就越少，工作就更为稳定。如毕业于一本的样本中自工作以来没有换过工作的有 51.7%，高于高职高专 13.2 个百分点（见表 3－8）。

表 3－8　毕业院校与工作稳定性交叉分析

单位：%

学历	换工作次数			
	没有换过	1~2 次	3~4 次	4 次以上
一本	51.7	36.4	9.6	2.0
二本	49.9	40.0	38.8	1.0
三本	42.3	42.5	13.0	2.0
高职高专	38.5	44.7	14.0	2.6

（3）三本的工作匹配评价最差

从毕业院校类型和工作匹配的交叉分析结果看，各类院校毕业生对工作的匹配度评价整体偏正面。比如，各类型院校的毕业生认为自己从事工作与所学专业对口或有联系的都在六成左右，认为工作与能力相匹配或基本匹配的都在八成以上，对自己工作有兴趣或者感觉还可以的也都在八成以上；如果具体分析各类院校毕业生的评价结构，一本、二本对自己职业匹配度评价要好于三本和高职高专。

其中，三本的评价整体最差。比如，毕业于三本的样本中仅有35.9%的人认为自己从事的工作与专业对口，24.3%的人认为自己从事的工作与能力相匹配，27.5%的人对工作有兴趣，这几个数据都是最低的。而在负面评价中，毕业于三本的样本中有20.6%的人认为自己从事的工作与专业毫无关系，有19.4%的人认为自己从事的工作与能力不匹配，有10.6%的人对工作没兴趣，这三个数据都是最高的（见表3-9）。

表3-9　职业匹配评价的毕业院校差异分析

单位：%

质量指标	评价选项	一本	二本	三本	高职高专
工作与专业匹配评价	专业对口	44.4	41.9	35.9	38.0
	有联系	26.3	27.0	23.3	21.9
	毫无关系	13.0	12.7	20.6	18.9
工作与个人能力评价	匹配	29.6	26.2	24.3	28.2
	基本匹配	56.5	59.3	56.3	56.4
	不匹配	13.8	14.2	19.4	15.2
工作与个人兴趣评价	有兴趣	38.6	32.5	27.5	29.6
	还可以	52.3	58.4	61.9	61.3
	没兴趣	9.2	9.1	10.6	9.1

（4）毕业院校越好对工作满意度越高

从毕业院校类型与工作满意度评价交叉分析结果看，整体上，样本的毕业院校越好，工作满意度越高。如毕业于一本、二本、三本和高职高专的样本中对工作满意或者非常满意的比例分别为55.8%、48.8%、

47.9%和41.8%，呈现依次递减的规律（见图3－37）。而偏中性或负面的评价中，一本、二本、三本和高职高专比例基本呈现依次上升的规律。

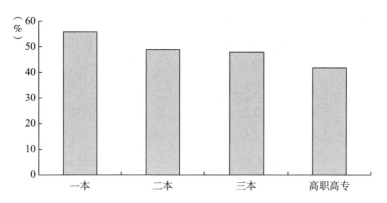

图3－37　不同类型院校（满意或非常满意）的
评价差异

（5）三本的劳动关系和谐度评价最差

从毕业院校类型与劳动关系和谐度评价的交叉分析结果看，各类院校毕业生对与所在单位劳动关系和谐度评价上整体偏正面。比如，各类院校的毕业生认为与单位劳动关系比较和谐的都在五成以上；如果具体分析各类院校毕业生的评价结构，一本、二本对劳动关系和谐度评价要明显好于三本和高职高专，三本的评价相对最差。比如正面评价中，三本中认为与所在单位劳动关系比较和谐的比例为52.1%，低于高职高专的54.7%，更是远低于一本的62.2%。而在偏负面的评价中，三本中认为与所在单位劳动关系不和谐的比例为6.6%，也是最高（见表3－10）。

表3－10　劳动关系和谐度评价的毕业院校差异分析

单位：%

质量指标	评价选项	一本	二本	三本	高职高专
劳动关系和谐度评价	比较和谐	62.2	57.5	52.1	54.7
	一般	33.2	38.8	41.0	40.5
	不和谐	4.5	3.6	6.6	4.3

（6）三本的工作压力评价最好

从毕业院校类型和工作压力评价的交叉分析结果看，各类院校毕业学生整体上认为工作压力较大。比如各类院校的毕业生认为工作压力较大或者压力很大的基本都在五成左右；如果具体分析各类院校毕业生的评价结构，毕业于三本院校的学生评价相对最好。比如，三本中认为工作压力较大或者压力很大比例为49.9%，低于高职高专的53.7%，也远低于一本的59.6%，在各类院校中比例最低（见表3-11）。

表3-11　工作压力评价的毕业院校差异分析

单位：%

质量指标	评价选项	一本	二本	三本	高职高专
工作压力评价	压力很大	16.6	14.6	13.3	15.7
	压力较大	43.0	43.0	36.6	38.0
	压力一般	34.8	37.4	43.2	38.4
	比较轻松	5.6	5.1	6.9	7.9

4. 有关就业质量指标的工作地点差异比对分析

（1）收入地域差异非常明显，县级城市及以下的收入明显较低

从工作区域和收入的交叉分析结果看，不同区域间的收入差异很大，工作在县级城市及以下的毕业生在低收入区间内的比例远大于省辖市或省会城市，这也就意味着在县级城市及以下工作的毕业生整体收入要明显低于省辖市或省会城市。如在县级及以下地方工作的样本中有40.2%的人月收入在2000元及以下，有47.6%的人月收入在2001~4000元，有12.2%的人月收入在4000元以上。而郑州市样本中却只有16.6%的人月收入在2000元及以下，有58.5%的人月收入在2001~4000元，有27.6%的人月收入在4000元以上（见图3-38）。县级及以下区域月收入在2000元及以下低收入区间的比例比郑州高了23.6个百分点，而月收入在4000元以上高收入区间的比例比郑州低了15.4个百分点。

（2）省辖市的劳动关系评价最好

从工作区域与对单位劳动关系和谐度评价的交叉分析结果看，各区域

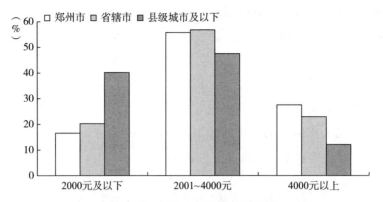

图 3 - 38　月收入的地域差异分析

评价基本还可以。比如工作在不同层级城市的样本都有超过五成的人认为
与单位劳动关系较为和谐。具体分析各类院校毕业生的评价结构，工作在
省辖市的评价最好。比如工作在省辖市的样本中认为与单位劳动关系较为
和谐的为 60.4%，高于工作在郑州市的 57.2%，也高于工作在县级城市及
以下的 53.8%。而在偏负面的评价中，在省辖市的样本中认为与单位劳动
关系不和谐的比例也是最低的（见表 3 - 12）。

表 3 - 12　劳动关系和谐度评价的地域差异分析

单位：%

质量指标	评价选项	郑州市	省辖市	县级城市及以下
劳动关系 和谐度评价	比较和谐	57.2	60.4	53.8
	一般	38.1	36.4	40.6
	不和谐	4.4	2.9	5.5

（3）县级城市及以下的工作压力最小

从工作区域和工作压力评价的交叉分析结果看，不同区域工作压力评
价都偏负面。比如工作在不同层级城市的样本都有超过五成的人认为工作
压力很大或压力较大。具体分析各类院校毕业生的评价结构，工作在县级
城市及以下的评价相对最好。比如，工作在县级城市及以下的样本中认为
工作压力很大或压力较大的比例为 50.1%，低于郑州市（58.5%）和省辖
市（56.1%）；认为压力一般或工作轻松的比例分别为 41.7% 和 8.2%，都

高于省辖市和郑州市（见表 3 - 13）。

表 3 - 13 工作压力评价的地域差异分析

单位：%

质量指标	评价选项	郑州市	省辖市	县级城市及以下
工作压力评价	压力很大或压力较大	58.5	56.1	50.1
	压力一般	36.1	37.9	41.7
	工作轻松	5.4	6.0	8.2

5. 有关就业质量指标的单位性质差异比对分析

（1）机关事业单位收入大众化，外资、国有企业整体收入较高

从工作单位性质和收入的交叉分析结果看，各类单位的收入区间主要集中在 2001～4000 元，外资企业、国有企业是高收入样本的主要来源。从具体的分布结构看，工作在各类型单位的样本中月收入在 2001～4000 元的比例都超过四成，机关和民营企业的占比甚至接近六成；月收入在 4000 元以上的，外资企业样本占 55.4%，该比例远高于其他单位类型（见表 3 - 14）。这说明与社会平均工资水平相比，目前在机关和事业单位工作的高校毕业生收入水平整体并不高。

表 3 - 14 不同类型单位的各收入区间分布的情况

单位：%

收入区间	在不同性质单位中的比例排序（前三位）	
	单位类型	比例
2000 元及以下	其他	30.2
	事业单位	29.7
	机关	24.1
2001～4000 元	机关	58.6
	民营企业	58.6
	国有企业	53.8
	事业单位	50.9

续表

收入区间	在不同性质单位中的比例排序（前三位）	
	单位类型	比例
4000 元以上	外资企业	55.4
	国有企业	31.0
	民营（包括自主创业）	21.3

（2）体制内性质（包括国有企业）的工作相对较为稳定

从工作单位性质与换工作次数交叉分析结果看，整体上，工作在机关、国有企业、事业单位的样本没有换过工作的比例排在前三位，平均每份工作时间也相对较长，工作相对较为稳定。如工作在机关、国有企业中没有换过工作的比例超过六成，工作在事业单位没有换过工作的比例为 55.6%，而工作在其他各类型企业中没有换过工作的比例都在 40% 以下（见表 3 - 15）。从工作以来每份工作的平均期限看，工作在国有企业的样本中平均期限在三年以上的比例为 36.9%（最高），工作在机关中的比例为 33.6%，工作在事业单位中的比例为 29.1%，其他比例都在 30% 以下。

表 3 - 15　不同类型单位的工作稳定性分析

单位：%

评价指标	在不同性质单位中的比例排序（前三位）	
	单位类型	比例
没有换过工作	机关	61.2
	国有企业	60.5
	事业单位	55.6
每份工作在三年以上	国有企业	36.9
	机关	33.6
	事业单位	29.1

（3）国有企业、事业单位、外资企业的工作匹配评价较高

从工作单位性质与工作匹配评价交叉分析结果看，整体上，工作在国有企业、事业单位、外资企业的毕业生对工作匹配评价较高。如在工作与

理想职业匹配、工作与专业匹配、工作与能力匹配三项评价上，工作在国有企业、事业单位、外资企业的毕业生持正面评价的比例都排在前三位。其中，工作在国有企业的毕业生认为从事工作是或基本是理想职业的比例最高，超过九成，达到90.6%；工作在事业单位的毕业生认为从事工作与所学专业对口或有联系的比例最高，为81.4%；工作在外资企业的毕业生认为从事工作与自己能力匹配或基本匹配的比例最高，为92.3%（见表3-16）。这在一定程度上说明了各单位类型之间的侧重点不同。

表 3-16 不同类型单位的工作匹配度评价分析

单位：%

质量指标	评价	在不同性质单位中的比例排序（前三位）	
		单位类型	比例
工作与理想职业匹配度	是或基本是	国有企业	90.6
		外资企业	83.4
		事业单位	77.6
工作与专业匹配度	专业对口或有联系	事业单位	81.4
		国有企业	73.2
		外资企业	69.7
工作与能力匹配度	匹配或基本匹配	外资企业	92.3
		事业单位	87.7
		国有企业	87.5

（4）机关、外资企业、国有企业的单位福利评价相对较好

从工作单位性质与工作福利状况评价交叉分析结果看，整体上，各类毕业生对工作单位福利状况评价相对都不高，其中工作在机关、外资企业、国有企业的毕业生对工作福利评价相对较好。在对单位整体福利状况和培训机会的评价上，工作在机关、外资企业、国有企业的毕业生持正面评价的比例都排在前三位。如工作在机关的毕业生认为单位福利状况好的比例为31%，认为单位培训较多的比例也是最高，为46.6%，外资企业、国有企业紧随其后（见表3-17）。

表 3 - 17　不同类型单位的工作福利评价分析

单位：%

质量指标	评价	在不同性质单位中的比例排序（前三位）	
		单位类型	比例
整体福利状况	好	机关	31.0
		外资企业	28.6
		国有企业	28.1
培训机会	较多	机关	46.6
		外资企业	41.7
		国有企业	39.5

（5）机关单位工作满意度评价最好

从工作单位性质与工作满意度评价情况交叉分析结果看，整体上，工作在机关、国有企业、事业单位、外资企业的毕业生对工作满意度评价较高，其中机关的评价最好。如在工作满意度、行业与单位声誉和个人发展前景三项评价上，工作在机关、国有企业、事业单位、外资企业的毕业生持正面评价的比例都排在前列。其中，工作在机关的毕业生有 62.1% 对工作满意，有 57.8% 对行业与单位声誉评价好，有 50.0% 认为个人发展前景良好，这在各类单位中都是最高的（见表 3 - 18）。

表 3 - 18　不同类型单位的工作满意度评价分析

单位：%

质量指标	评价	在不同性质单位中的比例排序	
		单位类型	比例
工作满意度	满意或非常满意	机关	62.1
		外资企业	60.7
		国有企业	59.4
		事业单位	54.7
行业与单位声誉	好	机关	57.8
		国有企业	50.9
		事业单位	41.5
		外资	39.9

质量指标	评价	在不同性质单位中的比例排序	
		单位类型	比例
个人发展前景	良好	机关	50.0
		国有企业	41.7
		外资企业	35.7
		事业单位	35.6

（6）外资企业的工作压力最大

从工作单位性质与工作压力评价情况交叉分析结果看，整体上，工作在外资企业、国有企业、私营企业（包括自主创业）的毕业生工作压力相对较大，其中外资企业工作压力最大。在工作强度和压力评价上，工作在外资企业、国有企业、私营企业（包括自主创业）的毕业生认为压力大或较大的比例都排在前列。比如，工作在外资企业的毕业生中评价为压力大或压力较大的比例为64.3%，这在所有行业负面评价中的比例最高（见表3-19）。

表3-19 不同类型单位的工作压力评价分析

单位：%

质量指标	评价	在不同性质单位中的比例排序（前三位）	
		单位类型	比例
工作压力	大或较大	外资企业	64.3
		国有企业	59.2
		私营企业（包括自主创业）	58.0

6. 有关就业质量指标的行业差异比对分析

（1）教育行业工作稳定性最好，住宿和餐饮行业最差

从行业与换工作次数交叉分析结果看，整体上，不同行业的工作稳定性评价差异较大，其中，教育行业工作稳定性最强，住宿和餐饮行业工作最不稳定。具体分析各行业样本换工作次数情况，工作在教育，科研、技术服务和地质勘探，以及卫生、社保和社会福利等行业的样本中没有换过工作的比例排在前三位，工作相对较为稳定；而工作在住宿和餐饮、批发

和零售，以及信息传输、计算机服务和软件等行业的样本中没有换过工作的比例排在后三位，工作的稳定相对较差。教育行业与住宿和餐饮行业中没有换过工作的比例相差了 35.1 个百分点，差距非常明显（见表 3－20）。从工作以来每份工作的平均期限看，工作在教育行业的样本中平均期限在三年以上的比例最高，为 36.3%，排在前几位的还有科研、技术服务和地质勘探，金融业，以及卫生、社保和社会福利等行业；最低的是住宿和餐饮行业，仅为 5%，排在后几位的还有批发和零售、房地产、农林牧渔等行业。

表 3－20　不同性质单位的工作稳定性分析

单位：%

质量指标评价	在不同行业样本中的比例排序		
		单位类型	比例
没有换过工作	前三位	教育	65.1
		科研、技术服务和地质勘探	58.5
		卫生、社保和社会福利	58.4
	后三位	住宿和餐饮	30.0
		批发和零售	30.5
		信息传输、计算机服务和软件	30.9

（3）专业性较强的行业工作匹配评价较好

从行业与工作匹配评价交叉分析结果看，整体上，对专业性要求比较高的行业的工作匹配评价相对较好，比如电力、燃气、水的生产和供应，教育，以及卫生、社保和社会福利等行业。具体分析各行业中的样本结构看，教育行业中有 32.4% 的毕业生认为工作是理想职业，评价最好，卫生、社保和社会福利及电力、燃气、水的生产和供应等行业相对靠前；卫生、社保和社会福利行业中有 67% 的人认为工作与专业对口，比例最高，建筑、教育行业紧随其后；卫生、社保和社会福利行业中有 36.7% 的毕业生认为工作与能力匹配，评价最好，教育及电力、燃气、水的生产和供应行业紧随其后（见表 3－21）。

表 3 - 21　不同行业的工作匹配度评价分析

单位：%

质量指标评价	在不同性质单位中的比例排序（前三位）	
	单位类型	比例
工作是理想职业	教育	32.4
	卫生、社保和社会福利	30.8
	电力、燃气、水的生产和供应	30.7
工作与专业对口	卫生、社保和社会福利	67.0
	建筑业	62.1
	教育	54.4
工作与能力匹配	卫生、社保和社会福利	36.7
	教育	34.1
	电力、燃气、水的生产和供应	32.9

（4）金融业行业声誉评价最好，制造业评价最差

从行业与行业声誉评价交叉分析结果看，整体上，各行业声誉评价都不是很好，评价最好的金融业也刚刚过半，大多数认为自身行业声誉好的比例都在 20% ～ 30%。具体分析各行业样本评价结构，金融业样本中有51.8% 的人认为行业声誉好，电力、燃气、水的生产和供应及公共管理和社会组织等行业比较靠前；而负面评价中，住宿和餐饮业有 16.7% 的毕业生认为行业声誉差，比例最高，采矿业、农林牧渔业评价相对较差（见表 3 - 22）。

表 3 - 22　不同行业的行业声誉评价分析

单位：%

质量指标评价	在不同性质单位中的比例排序（前三位）	
	单位类型	比例
行业声誉好	金融	51.8
	电力、燃气、水的生产和供应	45.7
	公共管理和社会组织	44.4
行业声誉差	住宿和餐饮业	16.7
	采矿业	14.3
	农林牧渔业	10.1

7. 有关就业质量指标的产业差异比对分析

（1）第一产业的收入明显低于第二、第三产业

从产业与收入的交叉分析结果看，各产业中在 2001～4000 元的收入区间集中度都超过 50%，但第一产业的整体收入水平明显要低于第二、第三产业。具体分析各产业样本中结构，第一产业在 2000 元及以下的低收入区间中的比例最高（30.0%），第二产业在此区间占比最低（16%）；而第二产业和第三产业样本中在 4000 元以上的较高收入区间的比例较为接近，都超过 20%，第一产业只有 18.6%（见表 2-23）。

表 3-23 产业与收入相关性分析

单位：%

产业	各收入区间占比		
	2000 元及以下	2001～4000 元	4000 元以上
第一产业	30.0	52.4	18.6
第二产业	16.0	58.7	25.3
第三产业	23.7	53.0	23.3

（2）第一产业的工作稳定性差于第二、第三产业

从产业与工作稳定性评价的交叉分析结果看，整体上，各产业的工作稳定性评价相对不高，其中第一产业的稳定性要差于第二、第三产业。具体分析各产业样本结构，第一产业中没有换过工作的比例为 44.1%，低于第二、第三产业；而第一产业中每份工作平均期限在 1 年及以下的比例为 36.1%，也明显高于第二、第三产业（见表 3-24）。

表 3-24 产业与工作稳定性评价相关性分析

单位：%

产业	各评价结果占比	
	没有换过工作	每份工作平均期限在 1 年及以下
第一产业	44.1	36.1
第二产业	46.7	24.3
第三产业	47.0	27.1

（3）第三产业出现两极化，满意和不满意的比例都是最高

从产业与工作满意度评价的交叉分析结果看，整体上，各产业的工作满意度评价相对都不好，其中第三产业出现两极化，满意和不满意的比例都是最高的。分析各产业样本结构看，第三产业中，有45.4%的毕业生对工作满意或非常满意，比例最高；有7.6%的毕业生对工作不满意，比例也都高于第一、第二产业（见表3－25）。

表3－25 产业与工作满意度评价相关性分析

单位：%

产业	各评价结果占比	
	满意或非常满意	不满意
第一产业	45.4	5.7
第二产业	47.5	6.2
第三产业	49.7	7.6

（4）第一产业工作压力最大，第三产业最小

从产业与工作压力评价的交叉分析结果看，整体上，各产业的工作压力都比较大。分析各产业样本结构，第一产业中有60.4%的毕业生认为工作压力大或压力较大，比例最高，从事第三产业的毕业生认为工作压力大或较大的比例最低，为54.2%；第三产业有7.4%的毕业生认为工作轻松，评价最好，认为第一产业工作轻松的比例最低（见表3－26）。第三产业工作相对轻松，可能是因为其涵盖范围广、工作弹性大。

表3－26 产业与工作压力评价相关性分析

单位：%

产业	各评价结果占比	
	压力大或压力较大	工作轻松
第一产业	60.4	2.6
第二产业	60.0	3.9
第三产业	54.2	7.4

8. 其他就业质量指标之间的相关性分析

（1）月收入在4000元以上的培训机会多

从收入与培训机会的交叉分析结果看，整体上，各收入区间中培训机会较多的比例大多低于50%，其中4000元以上的高收入区间培训机会较多的比例明显大于中低收入区间。具体分析各收入段的样本结构，2000元及以下的低收入区间中培训机会较多的比例最低，为20%，2001~4000元中等收入区间的比例为28.5%，4000元以上的各收入区间比例都在40%以上，其中6001~8000元收入区间比例最高，为52.1%（见表3-27）。

表3-27 培训机会与收入相关性分析

单位：%

指标评价	各收入区间占比					
	2000元及以下	2001~4000元	4001~6000元	6001~8000元	8001~10000元	10000元以上
培训机会较多	20.0	28.5	40.1	52.1	45.8	48.0

（2）收入在8001~10000元的工作满意度最高

从收入与工作满意度评价的交叉分析结果看，整体上，各收入区间中工作满意度评价差异比较大，4000元以上的较高收入区间工作满意评价明显好于4000元以下的中低收入区间，其中8001~10000元区间工作满意度最高。具体分析各收入段的样本结构，2000元及以下的低收入区间中对工作满意的比例最低（37.3%），2001~4000元中等收入区间的比例为47.1%，4000元以上各收入区间的比例都在50%以上，其中8001~10000元收入区间的比例最高，为72.8%（见表3-28）。

表3-28 工作满意度与收入相关性分析

单位：%

指标评价	各收入区间占比					
	2000元及以下	2001~4000元	4001~6000元	6001~8000元	8001~10000元	10000元以上
满意或非常满意	37.3	47.1	62.2	68.7	72.8	56.0

（3）工作越稳定对工作的满意度越高

从换工作次数与工作满意度评价的交叉分析结果看，整体上，换工作次数越少工作满意度越高。具体分析换工作次数的样本结构，没有换过工作的样本中有52.8%对工作感到满意，这一比例高于有换工作经历的样本，此外随着换工作次数的增多对工作满意的比例逐渐下降（见表3－29）。

表3－29　工作满意度与换工作次数的相关性分析

单位：%

指标评价	换工作次数占比			
	没有换过	1～2次	3～4次	4次以上
满意或非常满意	52.8	46.7	42	33.8

（4）专业对口能提升工作的满意度

从工作和专业匹配情况与工作满意度评价的交叉分析结果看，整体上，工作和专业关系越紧密工作满意度越高。从工作与专业匹配情况的样本结构看，认为自己的工作与专业对口的样本中有58.9%对工作感到满意，认为自己的工作与专业有一定关系的有52.1%对工作感到满意，认为自己的工作与专业关系甚微的有34.7%对工作感到满意，认为自己的工作与专业毫无关系的仅有33.9%对工作感到满意（见表3－30）。

表3－30　工作满意度与工作和专业匹配情况的相关性分析

单位：%

指标评价	工作和专业匹配评价占比			
	专业对口	有一定关系	关系甚微	毫无关系
满意或非常满意	58.9	52.1	34.7	33.9

（5）单位福利状况非常影响工作满意度评价

从单位福利状况与工作满意度评价的交叉分析结果看，单位福利状况对工作满意度评价影响非常大，单位福利状况越好工作满意度越高。从单位福利评价的样本结构看，认为单位福利状况好的样本中有91.8%的人对工作感到满意，这一比例远高于单位福利状况评价为一般的45.3%和评价为差的 13.1% （见表 3 - 31）。

表 3 - 31　工作满意度与单位福利状况的相关性分析

单位：%

指标评价	单位福利状况评价占比		
	好	一般	差
满意或非常满意	91.8	45.3	13.1

（三）　调查结果小结

根据以上调查统计和对照分析的结果，进行整理归纳，河南高校毕业生的就业质量状况总结如下。

1. 综合看，高校毕业生就业质量整体尚待提升

（1）收入水平相对不高，收入增长制度保障不强

调查分析结果显示，调查样本中收入在 4000 元以下的占比达到 76.4%，其中 2000 元及以下的达到 21.9%。我们的座谈和走访结果也表明，大部分受访对象表示自己的实际收入接近或略低于统计公布的当地社会平均工资。考虑到高校毕业生培养成本和素质层次，这种收入状况明显偏低。在工资正常增长机制建设上，样本中没有建立或不清楚的达到 53.9%，工资增长的保障性不强。

（2）工作稳定性相对不强

从工作以来样本中有一半以上的人有过换工作经历，有近三成的人每份工作的平均期限在 1 年以下。在离职原因上，接近六成的人是因个人发展和收入因素而离职。而我们的座谈和走访结果也显示，受访对象中大部分人都有过换工作的经历，而且有相当部分人有过多次换工作经历，这说明"先就业，后择业"的就业理念已经为高校毕业生所接受。

（3）工作与专业匹配相对不高

整体上看，工作匹配度评价还算可以，但在职业与专业匹配评价上，有超过三成的人认为从事职业与专业基本没有联系或毫无关系。这基本与我们的走访情况相符，受就业压力影响，有相当部分受访者表示"专业只

表明经历，就业岗位才是最大考虑因素"。

（4）劳动关系状况有待改善

调查分析结果显示，样本中有 21.6% 的人没有签劳动合同，签合同的样本中超过一半的人签的是 3 年以下的固定期限合同；工会在构建和谐劳动关系方面的职能和作用发挥不够，有 64.3% 的人表示没有参加过工会活动；劳动关系和谐度评价不高，有 42.7% 的人认为与单位劳动关系一般或者不和谐。

（5）社会保障参保及缴费情况不够理想

调查分析结果显示，五大险种的参保率除养老保险、医疗保险超过 80% 外，其他险种参保率都没有超过 70%。考虑到样本中有一定比例的处于试用期或者机关事业单位人员，为进一步确证，我们进行了实地走访，因各种原因不参保的人也有相当大的比例，结果不是很理想。参保样本中，以低于实际工资或按当地最低工资标准进行缴费的人占比接近六成，其中，按当地最低工资标准进行缴费的占 43.7%。我们在实地调研中也了解到，由于社保成本较高，有些用人单位不愿意参保或与就业者协商通过现金补贴形式不再参保。

（6）工作福利评价偏负面

调查分析结果显示，样本中近八成的人认为单位整体福利一般或不好，这一状况也可能受收入偏低的关联影响；有近七成的人认为培训机会较少或没有培训机会，说明目前用人单位对职工的培训及个人发展不够重视，缺少系统的培训规划；有 42.4% 的人享受不到带薪休假，而且我们的实地走访也显示，不同类型单位的带薪休假比例都不高。

（7）工作满意度明显偏低

调查分析结果显示，样本中有超过一半的人对从事工作不满意或评价一般，有 61.6% 的人对所在单位及行业声誉评价为差或一般，有 64.8% 的人认为目前个人发展前景一般或看不到希望。工作满意度评价不高，可能有用人单位的薪酬水平不高、管理不完善等各方面的原因，也可能与高校毕业生自我评估和期望过高有关。

（8）工作环境有待改善

调查分析结果显示，样本中有超过八成的人表示偶尔或经常加班，有

56.3%的人表示压力很大或比较大，也有近三成的人认为单位人际关系一般或紧张。

2. 性别差异上，主观性指标评价女生要好于男生

（1）主观性指标评价，女生明显好于男生

从综合就业质量指标的性别差异分析结果看，整体上在主观性较强的指标评价上，女生要好于男生。在职业匹配评价上，认为职业与能力相匹配的样本中女生比男生高 3.4 个百分点，而不匹配评价的样本中女生却比男生低 11.2 个百分点；对目前工作感觉还可以的样本中女生比男生高 3.9 个百分点，而回答对工作没有兴趣的样本中女生比男生低 13.8 个百分点。

在工作满意度评价上，女生好于男生的性别差异在偏负面的评价上非常明显，比如对目前工作不满意度与认为所在单位或行业社会声誉差的样本中，女生基本上低于男生 20 个百分点，认为个人发展前景不好的样本中，女生也低近 4 个百分点。

在劳动关系和谐度评价上，认为劳动关系比较和谐的样本中，女生比例略高于男生，但认为不和谐的样本中，女生占比低于男生 21.8 个百分点。可见，在男女性别总量均衡的情况下，女生对主观性指标评价更为乐观。

（2）客观性指标评价上，男生要好于女生

从收入的性别差异分析结果看，男生收入明显高于女生。比如月收入在 4000 元及以下的，男生比例明显低于女生且收入越低差距越大，其中月收入在 2001～4000 元样本中男生占比低于女生 3.3 个百分点，月收入在 2000 元及以下样本中男生比例低于女生 11.6 个百分点；而月收入在 4000 元以上，男生比例明显高于女生且收入越高差距越大，其中月收入在 4001～6000 元样本中男生高于女生 13.6 个百分点，月收入在 6001～8000 元样本中男生高于女生 32.6 个百分点，月收入在 8001～10000 元样本中男生高于女生 45.8 个百分点，月收入在 10000 元以上样本中男生高于女生 48 个百分点，占比差距逐渐增大。这说明在收入这一客观指标上，因男女性别差异带来的影响还是非常大的。

从工作与专业匹配上看，男生评价也要好于女生。因为专业是确定的，在工作匹配评价中，职业与专业的评价也属于客观性指标。这一指标评价中，认为职业与所学专业有联系的样本中男生比女生高 12.3 个百分点，而认为职业与所学专业毫无联系的样本中男生却比女生低近 10 个百分点。这种情况可能一是由于女生在选择职业时更重视职业本身，而不是未来职业和专业的融合与匹配；二是男生所学的知识面较为宽泛，更容易与从事工作产生联系。

存在例外情况，虽然稳定性指标也能客观统计，但分析结果显示，女生工作稳定性要好于男生。比如从换工作次数看，毕业以来没有换过工作的样本中女生比例比男生高 4.3 个百分点，而在有换工作经历的样本中，换工作次数越多女生的比例越低。比如换工作 1~2 次样本中男生比例比女生高 2.7 个百分点，3~4 次样本中男生比女生高 11.2 个百分点，4 次以上样本中男生比女生高 24 个百分点。从毕业以来每份工作平均期限看，六个月以下较短期限的女生比男生低近 10 个百分点，而三年以上的样本女生比男生高 3.4 个百分点。这种状况可能与男女生的性别特质及求职心理有关，女生可能倾向于从事教师、办公行政、管理等较为稳定的工作，而男生可能更倾向于具有较高收益、变动性比较大的行业。

3. 学历差异上，整体上学历越高就业质量相对越好

从收入上看，整体上，学历与收入基本上呈正相关关系。看不同学历样本中各收入段的分布，硕士及以上、本科、大专样本月收入在 4000 元以上的比例分别为 43.3%、25%、14.8%，学历越高较高收入区间内的比例越高；而在 2000 元及以下的比例则分别为 9.8%、19.1%、30.5%，学历越高低收入区间内的比例越低。这也就是说，硕士及以上学历的样本中有超过四成的人月收入在 4000 元以上，这一比例比本科高了 18.3 个百分点，更是远高于大专 28.5 个百分点。

从工作稳定性上看，学历越高工作越稳定。如硕士及以上样本中工作以来没有换过工作的比例最高，为 61.5%，大专比例最低，仅为 37.5%，二者相差了 24 个百分点。硕士及以上的样本中每份工作平均期限在三年以上较长期限的比例最高，为 28.7%，大专比例最低，仅为 20.6%，二者相差了 8.1 个百分点；而硕士及以上的样本中在六个月以下短期限的比例却又是最低，为 6.9%，大专最高，为 9.3%。我们实地走访中也发现，硕士及以上学历中进机关、高校、事业单位或国有企业的比较多，这些单位工作相对较为稳定。

从工作匹配评价上看，学历越高工作匹配度评价越好。如正面评价中，硕士及以上学历中有 30.9% 的人认为目前工作是自己的理想职业，有 53.3% 的人认为从事工作与所学专业对口，有 32.8% 的人认为从事工作与个人能力匹配，有 46.2% 的人对自己工作有兴趣，几方面评价都要依次好于本科和大专；而偏负面评价中，大专学历中有 30.5% 的人认为目前工作不是自己的理想职业，有 19.1% 的人认为从事工作与所学专业毫无关系，有 15.7% 的人认为从事工作与个人能力不匹配，有 9.9% 的人对自己工作没有兴趣，几方面负面评价的比例都依次高于本科和硕士及以上。

从工作满意度评价上看，整体上，学历与工作满意度存在正相关关系，学历越高对工作越满意。如硕士及以上学历的样本中有 46.4% 的人对工作满意，高于本科的 41.2%，更是比大专的 35.2% 高了 11.2 个百分点；硕士及以上学历的样本中有 48.1% 的人认为所在行业或单位声誉好，高于本科的 38.6%，更是比大专的 34.7% 高了 13.4 个百分点；从个人发展前景评价上看，硕士及以上学历中有 46.9% 的人认为自己发展前景良好，高于本科 11.1 个百分点，远高于大专 16.6 个百分点。

工作压力评价例外，分析显示本科学历压力最大，大专相对轻松。从工作压力评价结果看，各学历中都有超过五成的人认为自己工作压力大，其中本科比例最高，为 58.1%，硕士及以上比例为 56.7%，大专比例最低，为 53.1%；认为自己工作轻松的，大专比例最高，为 7.7%，硕士及以上比例为 6%，本科比例最低，为 5.2%。由此看来，各学历样本中本科生的压力最大，而大专生的工作相对最为轻松。

4. 毕业院校差异上，大体上毕业学校越好就业质量越高

从收入上看，毕业院校越好，收入相对越高。如一本中在 2000 元及以下较低收入区间的比例最低仅有 12.5%，且存在毕业院校越好低收入区间内比例越低的情况；而一本中在 4000 元以上的较高或高收入区间内的比例却是最高的，为 35.7%，且存在毕业院校越好较高以上收入区间内比例越高的情况。

从工作稳定性评价上看，整体上，样本的毕业院校越好，换工作的次数就越少，工作就越稳定。如毕业于一本的样本中有51.7%的人没有换过工作，这一比例高于二本的49.9%和三本的42.3%，更是比高职高专的38.5%高了13.2个百分点。从工作以来每份工作的平均期限看，也基本上是学历越高较长期限（三年以上）的比例越高，学历越低较短期限（六个月以下）比例越低的情况。

从工作满意度评价上看，整体上，毕业院校越好满意度评价越高。如毕业于一本、二本、三本和高职高专的样本中对工作满意的比例依次递减，分别为55.8%、48.8%、47.9%和41.8%。而偏中性或负面的评价中，一本、二本、三本和高职高专比例却基本上呈现依次上升的情况。

从工作匹配评价情况上看，一本、二本对职业匹配度评价要好于三本和高职高专。如一本中有44.4%的人认为自己从事的工作与专业对口，29.6%的人认为自己从事的工作与能力相匹配，38.6%的人对工作有兴趣，二本这三个方面的评价比一本略差，但都明显好于三本和高职高专。

从劳动关系和谐度评价上看，各学历认为劳动关系比较和谐的比例都超过50%，其中，一本、二本评价明显好于三本和高职高专。如一本中有62.2%的人认为自己与单位的劳动关系比较和谐，二本中这一比例为57.5%，都高于三本和高职高专。

存在两种例外情况，一是工作压力评价上，存在低学历好于高学历的情况。比如三本中认为工作压力大的比例为49.9%，高职高专的这一比例为53.7%，均低于一本的59.6%和二本的57.6%。二是三本的个别指标评价较为典型，如三本的劳动关系和谐度评价最差。三本中认为劳动关系比较和谐的比例最低，仅为52.1%，低于高职高专的54.7%，更是远低于一本的62.2%，不和谐的比例却是最高的。三本的工作匹配度评价最差，仅有35.9%的人认为工作与专业对口，24.3%的人认为工作与能力相匹配，27.5%的人对工作有兴趣，这几个评价在各类毕业院校中都是最低的。相反在负面评价中，三本中有20.6%的人认为工作与专业毫无关系，有19.4%的人认为工作与能力不匹配，有10.6%的人对工作没兴趣，持负面评价的比例在各类毕业院校中又都是最高的。三本的工作压力最轻松，如三本中有49.9%的人认为工作压力大，低于高职高专的53.7%，也远低于一本的59.6%，在各类毕业院校中比例最低。

5. 地域差异上，各有侧重，城市层级各有特点

从收入上看，地域差异非常明显，在县级城市及以下的收入最低。如在县级及以下地方工作的样本中有40.2%的人月收入在2000元及以下较低收入区间，这一比例远远高于省辖市和省会城市；有47.6%的人月收入在2001~4000元中等收入区间，有12.2%的人月收入在4000元以上较高或高收入区间，比例却又都明显低于省辖市和省会郑州。

从劳动关系评价上看，工作在省辖市的劳动关系最为和谐。如工作在省辖市的样本中认为劳动关系较为和谐的比例最高，为60.4%，工作在郑州市的样本的这一比例为57.2%，工作在县级城市及以下的样本的这一比例最低，为53.8%。工作在省辖市的样本中只有2.9%的人认为劳动关系不和谐，这一比例是最低的。

从工作压力评价上看，郑州市工作压力最大，县级城市及以下工作最轻松。如工作在郑州市的样本中认为工作压力大的比例最高，为58.5%，省辖市为56.1%，县级城市及以下的比例最低，为50.1%；工作在县级城市及以下的样本中认为工作轻松的比例最高，为8.2%，省辖市为6.0%，郑州比例最低，为5.4%。

6. 单位性质差异上，各有侧重，机关、外资企业等较典型

从收入上看，外资企业收入最高，机关、事业单位收入大众化。如工作在外资企业、国有企业的样本在超过4000元的较高收入区间的比例最高，分别为55.4%、31%，且外资企业的这一比例远高于其他单位类型。工作在机关、事业单位的样本收入在4000元以下中低收入区间，集中度超过八成（分别为82.7、80.6%），其中，在2000元及以下的低收入区间也超过了两成（分别为24.1%、29.7%），中低收入区间的集中度排在各类型单位的第二、第三位。这充分说明，目前在河南省机关、事业单位工作的高校毕业生收入并不高，高收入群体还是以外资和国有企业为主要来源。

从工作稳定性上看，机关、国有企业、事业单位相对较稳定。如工作在机关、国有企业中没有换过工作的比例都超过六成，工作在事业单位没有换过工作的比例为 55.6%，而工作在其他各类型企业中没有换过工作的比例都在 40% 以下。工作在国有企业的样本中每份工作平均期限在三年以上的比例为 36.9%（最高），工作在机关中的比例为 33.6%，工作在事业单位中的比例为 29.1%，其他比例都在 30% 以下。

从工作匹配上看，国有企业、事业单位、外资企业的工作匹配评价较好。在工作与理想、工作与专业及工作与能力三项匹配评价上，虽然各单位类型之间的侧重点不同，但整体上工作在国有企业、事业单位、外资企业的毕业生持正面评价的比例都排在前三位。如各项评价中最好的有：工作在国有企业的样本中有 90.6% 的人认为工作理想，事业单位中有 81.4% 的人认为工作与专业对口或有联系；外资企业中有 92.3% 的人认为工作与自己能力匹配。

从工作福利评价上看，机关、外资企业、国有企业的工作福利状况评价相对较好。在对单位整体福利状况和培训机会的评价上，工作在机关、外资企业、国有企业的毕业生持正面评价的比例都排在前三位。如工作在机关的样本中有 31% 的人认为单位福利状况好，有 46.6% 的人认为单位培训较多，两项评价都是最好，而外资企业、国有企业紧随其后。

从工作满意度评价上看，机关最好，国有企业、事业单位、外资企业相对靠前。如在工作满意度、行业与单位声誉和个人发展前景三项评价上，工作在机关、国有企业、事业单位、外资企业的毕业生持正面评价的比例都排在前列。其中，工作在机关的毕业生有 62.1% 对工作满意，有 57.8% 对行业与单位声誉评价较好，有 50.0% 认为个人发展前景良好，在各类单位中比例都是最高的。

从工作压力评价上看，外资企业压力最大，国有和私营企业排位靠前，机关、事业单位相对较好。如在工作压力评价上，工作在外资企业、国有企业、私营企业（包括自主创业）的毕业生认为压力大的比例都排在前列。其中，工作在外资企业的有 64.3% 的人感到压力大，比例最高，国有企业、私营企业的这一比例分别为 59.2% 和 58.0%，紧随其后。而社会比较关注的机关、事业单位分别有 44.8%、51.6% 的人认为压力大，比例相对靠后，压力评价相对较好。

7. 行业差异上，专业性较强的行业就业质量较高，部分服务性行业就业质量差

综合各行业的就业质量指标分析结果看，整体上对专业性要求较强的教育、科研、卫生、公共产品生产和供应等行业就业质量较高，而劳动密集型的批发和零售、住宿和餐饮等服务行业就业质量明显偏低。

从工作稳定性评价上看，教育行业中没有换过工作的比例最高，为65.1%，科研、卫生的比例都比较高，而住宿和餐饮、批发和零售都只有30%左右的人表示没有换过工作。教育行业中有36.3%的人每份工作平均期限在三年以上，科研、金融业、卫生等行业排名靠前；住宿和餐饮行业则只有5%，排在后几位的还有批发和零售、房地产等行业。

从工作匹配评价上看，教育行业中有32.4%的毕业生认为工作是理想职业，评价最好，卫生、公共产品生产和供应等行业相对靠前；卫生行业中有67%的人认为工作与专业对口，有36.7%的毕业生认为工作与能力匹配，比例都是最高的，教育、公共产品生产和供应等行业都排在前几位。而这几项评价中，批发和零售、住宿和餐饮等行业评价都相对较差。

从工作满意度评价上看，采矿业工作满意度最高，为63.6%，金融、教育、公共产品生产和供应等行业相对靠前；而在公共管理和社会组织工作的样本中对工作不满意的比例最高为15.6%，租赁和商务服务、住宿和餐饮、批发和零售等行业排在后几位。

从行业单位声誉评价上看，金融业评价最好，制造业评价最差。金融业中有51.7%的人认为行业声誉好，公共产品生产和供应、公共管理和社会组织等行业比较靠前；制造业有15.6%的毕业生认为行业声誉差，比例最高，教育、批发和零售等行业评价也比较差。

8. 产业差异上，第一产业就业质量明显不如第二、第三产业

综合就业质量指标的产业差异分析结果看，第一产业就业质量明显低于第二、第三产业。如从收入看，第一产业在2000元及以下的低收入区间中的比例最高（30.0%），在4000元以上的收入区间却是最低的（只有18.6%）。从工作稳定性上看，第一产业中有44.1%的人没有换过工作，低于第二（46.7%）、第三产业（47%）；有36.1%的人每份工作平均期限在1年及以下，却高于第二（24.3%）、第三产业（27.1%）。从工作满意度评价上看，第一产业中有45.4%的毕业生对工作满意，低于第二（47.5%）、第三产业（49.7%）。从工作压力上看，第一产业中有60.4%的毕业生认为工作压力大或压力较大，比例也高于第二（60%）、第三产业（54.2%）。

9. 部分就业质量指标存在明显相关性

为观察部分质量指标之间的相关性，通过对照分析发现部分指标之间存在明显相关性。一是收入高的人培训机会较多。分析结果显示，2000元及以下的低收入区间中只有20%的人表示有较多的培训机会，2001～4000元中等收入区间中的这一比例为28.5%，4000元以上的各收入区间这一比例都在40%以上，其中6001～8000元收入区间比例最高为52.1%。二是收入对工作满意度有明显影响。分析结果显示，2000元及以下的低收入区间中对工作满意的比例最低（37.3%），2001～4000元中等收入区间的比例为47.1%，4000元以上各收入区间的比例都在50%以上，其中8001～10000元收入区间的比例最高，为72.8%。三是工作稳定性对工作满意度有明显影响。分析结果显示，换工作频率越高，工作满意度越低。如没有换过工作的样本中有52.8%的人对工作感到满意，这一比例高于有换工作经历的样本，而且工作满意度随着换工作次数的增多而下降。四是专业对口能提升工作的满意度。分析结果显示，认为工作与专业对口的样本中有58.9%的人对工作感到满意，而认为工作与专业毫无关系的仅有33.9%的人对工作感到满意，而且工作与专业联系越紧密，工作满意度越高。五是单位福利状况非常影响工作满意度评价。分析结果显示，认为单位福利状况好的样本中有高达91.8%的人对工作感到满意，而认为单位福利一般的只有45.3%的人对工作感到满意，认为单位福利差的更是只有13.1%的人对工作感到满意，福利状况评价对工作满意度影响非常大。

第四章
构建河南高校毕业生
就业支持体系

高校毕业生就业问题是一个系统性工程。解决这一难题，需要政府、高校、社会、个人等各个方面共同参与、统筹推进。在当前复杂的社会就业形势下，推动实现河南高校毕业生更加充分、更加体面地就业，尤其需要各方联动、分工合作，扎实做好基础性工作，共同构建河南高校毕业生就业支持体系。

一 政府层面：营造高校毕业生
就业宏观支持体系

（一）稳增长、促转型，扩大有质量就业的容量

实现就业是提升和保障就业质量的基本前提，而实现就业需要保持经济的适度增长以扩大社会就业容量。河南目前的经济发展层次较低，发展水平不高，人力要素的投入占比较大，经济增长对就业拉动的作用相对明显。在当前的宏观经济形势下，面对日益严峻的区域竞争环境，河南经济发展的压力很大。河南仍需要把稳定经济增长、促进就业作为全省经济发展的头等大事。同时，河南也应该根据自身的发展布局，积极推动经济发展转型，在实现经济稳定增长的同时不断提升发展质量，为提升高校毕业生乃至整个社会的就业质量创造基础的宏观经济环境。河南可以结合正在全力推动的系列国家战略，加强宏观调控，在经济结构调整和产业发展上做好规划布局。比如在招商引资、承接产业转移的时候，在结构上更加注重发展现代农业、高新技术产业、现代服务业、现代物流业，重点培育壮

大生物医药、新材料、新能源、高端装备、节能环保等新兴产业和金融、物流、信息、旅游等现代服务业，增加适合高校毕业生就业的智力密集型就业岗位，扩大有质量就业的容量。

（二）　建立健全保障高校毕业生就业的法律法规体系

高校毕业生就业改善需要法律法规的保障，需要良好的法治环境，必须建立健全相应的法律体系，推动就业机制运行的法治化。一是完善现行的相关法律法规。现行的部分法律法规中的某些条款过于笼统，可操作性不强，需要进一步完善。比如，2007 年出台的《就业促进法》中更多的是原则性规定条款，缺乏具体要求和硬约束，可操作性受限；在保障平等就业方面，缺乏具体的反就业歧视措施；对违法者的法律责任规定不够清晰，法律效力受到一定影响。二是政府部门应加大执法力度，提高执法水平。在就业难和就业质量不高的背景下，政府应加大现行法律法规的执行力度，监督用人单位对《中华人民共和国劳动法》《中华人民共和国劳动合同法》等相关法律法规的贯彻实施情况，以保障高校毕业生的合法权益，确保就业质量。这就需要各级政府进一步加强执法力量，提升执法水平，加大执法力度，提升执法效率。三是及时更新或出台保障体面就业的法律法规。要根据形势发展的需要，及时更新完善部分法律的有关条款或出台有利于保障劳动者权益、提升劳动者就业质量的新法新规。比如在完善原有相关法律条款的基础上，出台反就业歧视法，为包括高校毕业生在内的劳动者创造公平的就业环境。通过立法来规范社会就业市场，破除因地方保护、行业保护、单位小集体保护而带来的种种就业障碍，反对各种形式的就业歧视。例如，废除诸如"非 211 高校不要""乙肝携带者不予录用"等歧视性条款，以法的形式维护高校毕业生的就业公平权益。

（三）　完善保障高校毕业生就业支持政策体系

就业扶持政策虽然大多有短期性、阶段性的特点，但是由于其具有极强的针对性、灵活性、时效性，因此在促进高校毕业生就业、保障高校毕业生就业权益方面具有非常好的效果。近年来，中央政府针对严峻的就业形势已经制定了一系列的相关政策，但促进高校毕业生就业工作是一项系统工程，地方政府也需要结合宏观经济调控政策，及时根据就业市场的变动情况，出台一些针对高校毕业生就业的政策。一是进一步打破城乡地域限制，完善人事户籍管理制度，消除高校毕业生流动就业的政策性障碍；二是充分发挥政府在市场调节中的职能作用，健全人力资源市场就业竞争机制，规范国有单位招聘的范围和程序，完善公务员招考和事业单位公开招聘制度，消除内部招聘、"萝卜招聘"等不合理现象；三是完善高校毕业生创业的财税、金融支持政策，根据形势发展需要将网络创业纳入政策覆盖范围，积极营造有利于促进就业、鼓励高校毕业生自主创业的良好就业环境；四是完善收入分配方面的政策，合理制定高校毕业生起薪指导线，规范工资增长机制，破除身份、入职限制，推动实现同城同待遇、同工同酬，提升高校毕业生的收入水平；五是规范社保参保程序，严格执行参保标准，保护高校毕业生的社会保障权益；六是严格执行有关劳动保护的政策法规，规范部分行业的工作条件，落实有关津补贴政策，改善高校毕业生的就业环境。

（四）健全高校毕业生就业公共服务体系

高校毕业生就业难、就业质量不高，既有高校毕业生自身理念和素质的原因，也与公共就业服务体系不完善有很大关系。公共服务体系不完善，信息占有不对称，高校毕业生容易为就业而就业，导致就业的匹配度、稳定性差，就业的满意度不高，非常影响就业质量。健全保障高校毕业生就业质量的服务体系，一是建立统一的就业登记和信息发布平台，及时发布有关市场供求信息，提供免费的就业咨询和指导。二是建立就业状况中长期监测体系。根据就业市场供求的季节性、行业性变动趋势，提供就业市场供需信息和职业需求预测，为高校人才培养、用人单位招聘、高校毕业生求职提供数据参考。三是建立高校毕业生就业职业培训体系。对有培训需求的高校毕业生组织开展技能培训，提高其就业技能，落实培训补贴和技能鉴定补贴政策。四是建立就业见习服务机制。由政府牵头，企业、社会公益组织、人才基地、科技中心、创业基地等参与，设立学生见习岗位，鼓励学生参与实践、参与创新、自主创业。逐步建立高校毕业生就业见习平台，实现就业见习的制度化、常态化，对有就业见习需求的高校毕业生组织参加就业见习，落实就业见习补贴，把高校毕业生就业见习纳入年度工作任务。五是建立高校毕业生追踪服务体系。高校毕业生离校并不意味着公共服务的结束，政府尤其是人社部门应该对高校毕业生特别是就业困难高校毕业生实行追踪服务和就业帮扶。根据高校、教育主管部门提供的就业困难毕业生的就业信息，建立"未就业高校毕业生信息库"，依托基层就业服务平台，实行动态管理，及时掌握其就业变动、就业服务需求等情况，开展有针对性的就业追踪帮扶服务。

（五）健全完善保障高校毕业生就业组织管理和监督体系

当前，高校毕业生就业涉及人社、教育、团委、工会、财政、税收等多个政府部门，只有健全管理和监督体系，才能理顺职能、明晰权责、形成合力，发挥齐抓共管的有效作用。一是强化政府的服务和责任意识。各级政府应该充分认识到保障高校毕业生就业、提升其就业质量的重要性，强化责任意识，增强服务的自觉性。二是理顺管理监督机制和职能。依据有关法律政策明确各层级政府、各职能部门在高校毕业生就业过程中的角色及基本职能，理顺服务和监管职能，明确责任，分解任务，形成工作合力，抓好各项政策措施的督促检查，防止出现政策棚架现象。三是完善政府对高校的就业指导和考核体系，将就业质量纳入高校毕业生就业评价指标体系。要改变单纯以就业率为导向的高校毕业生就业评价指标体系，将就业质量评价纳入未来高校就业总体状况评价系统，避免出现部分高校片面追求高就业率、忽视学生毕业后的就业质量的问题，监督引导高校重视学生培养机制的改革创新工作，推动高校管理体制改革，提升高校就业指导的针对性、有效性，提升高校毕业生的就业质量。四是加强对相关就业扶持政策执行和劳动力市场运行的监督职能。规范和引导参与高校毕业生就业的各主体的行为，尤其对各种类型的就业市场和社会中介组织，既要采取优惠政策帮扶，鼓励其发展壮大，又要加强监管，规范其运行。五是积极引入社会监督，回应社会需求，营造良好的舆论环境。积极扩展监督视野，引入社会监督。政府应充分调动社会及媒体的积极性，畅通监督渠道，鼓励其参与监督。同时，政府还要积极回应社会需求，对于社会反映的问题要及时进行沟通、反馈或修正，及时发布监督处理情况，营造良好的舆论环境。

二 高校层面：完善人才培养 和就业指导服务体系

高校作为高校毕业生直接的教育培养机构，是培养专门人才和高层次人才的摇篮，承担着高校毕业生专业知识教育、高校毕业生综合素质培养的责任。高校在高校毕业生知识储备、能力塑造、长远发展和就业质量提升等方面起着极为重要的作用。目前，河南省高等教育已进入大众化阶段，规模位居全国第四，高等教育毛入学率超过30%，为提高河南省人口素质做出了突出贡献。但河南省优质高等教育资源稀缺，全省共有普通高等学校129所，却没有一所"985"高校，"211工程"大学只有1所，每百万人口"211"高校的比例是0.01%，远落后于北京、上海等高等教育相对发达城市，也落后于相邻的湖北、湖南等中部省份。对此，河南高等教育要想实现跨越式发展，改变现实的发展状况，应该在结合自身特色和传统优势的基础上，找准定位，积极推动教育教学管理体制改革，注重提升教育教学水平，为毕业生实现高质量就业营造良好的教育教学环境。

（一）积极调整和创新办学理念

河南各类高校应该合理定位，坚守特色，塑造独特竞争优势。由于河南高等教育整体质量不高，各高校需要依据自身的办学传统、特色优势、资源条件，进行合理定位，形成独具特色的办学理念和风格，在不同层次、不同领域办出特色，塑造独特的竞争优势，走以质量提升为核心的内涵式发展道路。如郑州大学、河南大学应利用自身的资源和政策优势，加快建设成为国内一流综合性大学；河南农业大学、华北水利水电大学、河南工业大学、河南理工大学、河南中医学院等院校应该结合自身的专业特色，加大与国家有关部（局）共建力度，创建出具有鲜明学科优势的专业型大学。在学科建设上，各高校应紧密结合经济社会发展需要，统一规划，整合资源，加强重点学科、特色专业建设，支持有条件的学科、专业进入国内先进行列；进一步凝练学科方向，突出学科特色，汇聚学科队伍，构筑学科基地，改革管理模式，积极推进专业综合改革（试点），引入竞争机制，实行绩效评估，进行动态管理，逐步形成布局合理、各具特色和优势、全面支撑行业和区域发展的学科、专业建设体系。

（二）积极推进高等教育管理体制改革

改革高等教育管理体制，从宏观管理上讲，必须去除高校管理体制上的过度政治化、行政化、商业化的色彩，借鉴西方先进国家的高校管理经验，积极与市场和社会接轨，建立现代高校管理机制。一是厘清高校管理体制改革的方向。首先，推动相关院校的合并或开展合作办学。针对河南省高等教育资源个体力量相对薄弱、布局分散的现状，推动有关高校开展交流合作，通过院校合并、联合招生、共同培养，推动教育资源共享，实现优势互补，提升综合竞争力。其次，扩大高校自主权。让高等院校拥有更多的自主权，通过建立高校自主管理、自我约束和自我发展的运行机制，推动高校良性发展。二是明确高校管理体制改革的思路。首先应转变管理观念，改变长期集权式的"大行政"的管理观念，去除"官本位"思想，重回"以教学科研为中心"的办学模式，树立开放式、外向式的办学理念，以全球化、国际化的视野，来推动高校管理体制改革。三是建立科学的高校管理体制。内部管理上，构建专门委员会负责决策、日常管理人员具体执行、监督委员会进行监督的三者之间相互制约和相互联系的管理体制；外向协调上，政府着重对宏观性、全局性工作进行调整和指导，高校以自我管理、自我约束、自我发展为主，社会积极参与并履行监督义务，就业市场着重发挥导向性作用，形成各方共同参与的良性运转工作机制。

（三）积极推动专业设置和教学实践的改革

各高校应该改变人才培养模式，以社会需要、市场需求为教育教学改革方向，专业设置和教学内容及时做出有针对性的调整。一是以市场需求为导向合理设置专业。根据经济社会发展的长期需要和短期市场需求，深入调研，注重技术科研手段的应用，强化信息收集和分析能力，提升对就业市场变化的反应能力，在专业设置上力争做到准确预判、超前设计。二是结合形势需要和时代特点，更新教育理念，改革教学内容，使教学内容更具有时代性、实践性、前瞻性；扩大选修课的范围，拓宽学生的知识面，增加具有实用性、专业性、技能性的课程，培养学生跨领域、跨行业思考分析问题的能力和技能素质。三是总结借鉴国内外先进的教学实践经验，创新教学方法和手段，充分运用现代教育技术，注重教学效果和教学效率。此外，高校还要在配套设施和实践基地建设上进行更多的投入，以满足学生学习实践的实际需要。

（四） 推行素质教育，提升学生的就业竞争能力

高校应积极推进素质教育，注重提高学生的综合素质和社会适应能力。当前经济社会的发展对高校学生的要求已经不仅仅是专业知识的储备，而是要求学生能够在思想道德素质、科学文化素质和身心素质方面均衡协调发展，既要掌握前沿的科技本领，又要具有较高的人文素养，要在结合学生个性特点的基础上实现学生综合素质的全面提升。推行素质教育，一是要革新教育理念。教育理念要从"知识传输"向"人格塑造和能力培养"转变。二是要变单纯的专业教育为系统性、跨行业、跨领域的通识教育。三是应注重培养学生的创新精神和实践能力。通过建立实训基地、仿真模拟系统，来培养学生应对困难、解决问题的实践能力；通过开放科研资源、研究平台，提供资金和政策性扶持，为学生提供参与科研及创新活动的环境和机会。

（五） 着重加强毕业生就业创业指导服务体系建设

就业创业指导是学生了解就业市场、提升就业竞争力的重要途径，高校要尽快建立和完善集教育、指导、服务于一体的就业创业指导服务体系，提高就业指导服务的质量。

1. 扩展指导范围，开展全程式指导服务

高校毕业生的就业指导工作具有特殊性，就业指导的范围比较广泛，既包括学业与职业规划指导，也包括人格塑造、求职技巧指导，还包括就业机会把握与就业信息分析等多方面的指导和服务。开展就业指导可以在广泛征求意见和建议的基础上，在现有资源和条件允许的情况下，尽可能扩展指导服务范围，给学生创造尽可能多的自主选择机会和指导服务项目。这样，学生就可以结合自己的时间和爱好选择接受更多的指导内容，也更有利于全面提升学生综合素质。同时，由于高校就业指导工作涉及的学科、部门比较多，开展指导服务需要一个较长的过程才能见到实效。因此，高校的就业指导工作不能仅仅停留在学生临近毕业的一段较短的时间，而应该始终贯穿于高校毕业生在校学习期间的教学和培养的全部过程。

2. 提升就业指导教师队伍素质和专业水平

高校的就业指导教师承担着学生未来职业规划和长远发展引路人的责任，其素质高低将会直接关系到学生对自身发展和职业定位的准确性。因此，高校就业指导工作对教师素质要求很高，要求教师既要有非常丰富的专业知识、实践技能和较强的判断分析问题的能力，还要有非常丰富的社会阅历和工作经验。各高校决策层应该高度重视就业指导教师队伍建设。一是明确就业指导工作的内容和要求。高校通过专业的工作岗位分析，对就业指导教师的工作内容、工作范围、工作职责和任职要求等方面做明确的描述。这样，教师和工作人员就可以对照要求，有针对性地去学习或体验。二是建立良好的培训机制。各高校可以结合自身的情况，制定年度和长期培训规划。可以对教师队伍实行轮训制度，每年选出部分教师送到国内外就业指导培训工作开展较好的高校进行专项培训或业务交流学习。三是实行动态管理，建立良好的考核机制。高校每年对就业指导教师进行专业知识和实践技能的考试，也要通过设置科学的指标体系进行指导服务效果的考核。同时根据考核内容对教师队伍实行动态管理，及时调整和补充教师队伍。

3. 理顺高校就业指导的工作机制

完善的高校就业指导工作，不仅是高校内部的事情，还涉及教育行政、人力资源和社会保障等部门。因此高校应该积极加强沟通和协调，理顺内外工作机制。一是开展好对外合作。要与有关部门开展合作调查调研，邀请相关机构和部门的专家进行培训和指导。比如就业主管部门由于资源优势，可能对宏观的就业形势和市场需求变动判断得更为准确，就可以与其开展此方面的合作培训。二是理顺内部工作机制。高校的就业指导体系一般应有校级就业指导中心系统培训指导与院系日常辅导两个层级，需要明确两个层级之间的工作关系。校级就业指导中心侧重于落实中央和地方政府的相关政策，制定全校的就业指导总体规划、统筹安排全校就业指导等工作；各院系就业指导工作更侧重于落实学校的总体安排，结合自己院系的特点，开展有针对性的个性化就业指导。这两个层级之间应该建立顺畅的沟通渠道，确保信息及时传递，工作人员之间应定期交流和沟通，更有效地开展就业指导工作。

4. 加强就业指导服务的信息平台建设

高校毕业生的就业指导和服务工作，应当充分利用现代信息技术尤其是当今先进的网络技术，加强就业指导服务的信息平台建设。如高校内部可以建立就业指导网站，及时发布有关就业政策和业内动态信息，上传国内外有关专家学者关于就业形势分析预测、市场供求分析等方面的研究报告和讲座视频，可以及时发布有关的市场供求报告和供求信息，还可以为高校毕业生开通服务热线，及时提供咨询指导服务。同时，可以与其他高校、有关用人单位开展信息合作，建立信息交互机制，达到资源共享。在这个信息平台上，学生既可以及时了解有关政策和就业形势，获得最新的就业信息，也可以通过建立个人主页展示自己并发布求职信息。

三 社会层面：塑造良好的社会
氛围和社会支持体系

解决高校毕业生就业难、就业质量不高的问题，涉及社会的各个方面，用人单位、学生家庭、社会媒体等各方面应共同参与，打造高校毕业生就业的社会支持体系。

（一） 用人单位要创造良好的工作环境

在以就业为中心的关联型社会中，用人单位情况对就业质量影响非常大。一是用人单位应树立科学的用人标准。用人单位应该从长远发展的角度，积极接纳高校毕业生，在单位内部塑造尊重知识、尊重人才的工作氛围，树立科学的用人观，积极调整用人理念，采取更加适用性、人性化的用人标准，消除人才高消费和歧视性行为。二是用人单位要给高校毕业生创造发展环境。用人单位要根据引进高校毕业生各自的专业特长、性格特质，为毕业生设计职业发展规划，并用人所长，调动毕业生的工作积极性。同时，做好引进高校毕业生的入职和常规职业培训规划，在单位内部建立合理的激励机制和良性的竞争机制，要给高校毕业生提供施展机会和发展空间。三是用人单位应加强与高校合作和互动。用人单位根据自己的发展要求，可以及早与高校开展合作培训、技能实践等活动，并向符合本单位专业和能力要求的学生提供见习机会，这样可以减少工作的磨合，提高职业匹配度，也有利于用人单位及早发现人才，储备人才。

（二） 新闻媒体要正确引导社会舆论

在缓解高校毕业生就业难、提升就业质量上，社会媒体可以在信息传递、舆论引导、监督执行上发挥积极作用。一是通过多种形式、多种渠道的典型宣传，引导社会转变观念，进一步提高社会各界对高校毕业生就业问题的认识和关注度。二是引导企业自觉遵守相关法律法规，执行有关支持政策，积极改善劳动关系、提高工资待遇、改善工作福利和就业环境，为高校毕业生就业改善创造良好的微观工作环境。三是积极引导和帮助高校毕业生自我调整，放平心态，降低过高期望，提升工作满意度，缓解心理压力。四是监督违法违规现象，维护高校毕业生的权益。对侵犯高校毕业生权益的用人单位，进行追踪报道并监督改进。

（三） 家庭要发挥积极作用

家庭是高校毕业生的资助者和未来就业的重要影响因素，在高校毕业生就业上应该发挥积极作用。一是家长要树立正确的子女教育观。父母应该充分考虑自己家庭的收入状况、背景、社会关系，应考虑学生的学习状况、个人综合素质等因素，摒弃唯名校论，选择适合自己子女的教育层次和专业，以降低未来工作的难度。二是父母对子女要有合适的就业观。父母应该理性认识社会就业形势，调整心态，不要对孩子有过高期望，多引导和鼓励，支持孩子的职业选择，帮助孩子找到合适工作。三是积极配合学校，在孩子人格培养、价值取向、职业生涯设计、就业观点转变等方面发挥积极作用。

四 个体层面：打造高校毕业生就业自我支持体系

政府、高校和社会等各层面解决的是外部环境的保障，而最终就业状况或就业质量的好坏还是取决于高校毕业生自己的努力。

（一） 树立理性的就业理念

高校毕业生应该理性认识当前的社会就业形势，客观评估自己，树立理性的就业质量意识。一是树立"就业是第一质量"的意识。追求好的工作从个人发展角度是值得认可的，但就业改善本身就意味着先有就业才有改善，因此，高校毕业生应从长远发展的角度看待就业，先尽力实现就业。二是应有"适合的就是最好的"的意识。在就业时，高校毕业生不要盲从"公考热""考研热"等社会潮流，要充分考虑各种因素和自身特点，树立"适合的就是好工作"的意识。三是应有"好工作是自己在努力基础上渐进改善"的思想。就业后，高校毕业生应该积极融入单位，脚踏实地锻炼自己，应有爱岗敬业的精神，学会处理各种关系，缓解工作压力，改善人际关系，就业情况就会得以改善。

（二） 做好个人职业生涯规划

从大学入学开始，高校毕业生就应该在学校就业指导老师的帮助下，结合自身特点，充分考虑家庭背景、社会关系、所学专业、个人能力等方面的优劣势，合理定位职业目标，做好职业发展规划，在此基础上，有针对性地学习知识，提升能力。在学习和实践的过程中，根据客观条件的变换，及时修正自己的职业目标和发展规划，以此来引导自己学习和实践的方向。

（三）　优化知识能力结构和实践经验

高校学生在校期间就应该处理好常规课程和辅助课程的关系，在学好专业课程和基础课程的基础上，通过辅修第二专业、多参与集体活动、参与名师名家的讲座等来拓展获取新知识的渠道，并学会对所学知识的整理吸收，使知识融会贯通，形成系统的知识体系。同时，还要有意识地参与各类社会实践活动，培养实践经验。比如要通过参与各类社团活动、社会实践活动，有意识地锻炼自己，并在实践中善于发现和总结自己的差距，采取有针对性的措施来改善自我。

（四）　注重自身综合素质和综合能力的提升

高校毕业生的自身素质和能力是就业竞争力的关键影响因素。高校学生应有意识地培养系统的专业知识素质，培养勇于竞争、具有较强承受压力和自我调节能力的良好心理素质，培养具有较强责任意识与敬业精神的良好职业素养。同时，高校学生还要通过参与各种社会实践和就业见习活动，着重培养实际操作能力、人际交往能力、创新能力和分析解决复杂问题的能力。

（五）　强化自主创业意识和能力

社会分工日益细化，社会发展也更加多元化，自主创业的社会条件明显改善。在当前的就业形势下，高校毕业生利用自身专业优势，依靠自身实力解决就业问题，进行自主创业也是非常主动性的现实选择。这就要求高校毕业生应该积极关注各方面的信息资源，有意识地从校内实践活动做起，多与社会层面交流和合作，积极参与各类商业活动，逐步培养自己的创业能力。

第五章
河南贫困高校毕业生就业
专项调查与分析

一 着重关注贫困高校毕业生就业的现实意义

(一) 实现社会统筹就业的必然要求

河南作为农业大省和新兴工业大省,河南省农村高校毕业生数量多,在当前城乡整体收入水平的巨大差距下,农村背景的高校毕业生本身在就业支持上就远远不如城市学生,更不用说那些来自贫困家庭的农村学生。据中国社会科学院有关调查统计,家庭的城乡背景对高校毕业生就业机会有明显影响,城市家庭出身的毕业生就业率(87.2%)高于农村家庭出身的毕业生(81.2%)。其中,普通本科院校城市家庭出身的毕业生就业率(87.7%)与农村家庭出身的毕业生就业率(69.5%)相差18.2个百分点。这意味着,来自农村家庭的普通本科毕业生就业相对较难,30%多的毕业生短期内难以落实工作,这一比率远远高于来自城市家庭的高校毕业生群体。据大河网报道,河南贫困高校毕业生是一个较大的群体,约占在校高校毕业生总数的20%。在贫困高校毕业生中,其中绝大部分是来自农村的学生。可见,关注贫困高校毕业生的就业问题,也是实现城乡统筹就业和平等就业的必然要求。

(二) 实施"精准就业扶持"的重要突破口

当前,伴随着经济社会发展的转型,河南高校毕业生就业工作进入了一个新的阶段。解决高校毕业生就业难题也需要进入更加精准的阶段,应对高校毕业生就业更加聚焦和细分，应认识到实现贫困高校毕业生顺利就业才是解决这一难题的关键和难点。贫困高校毕业生在当前就业形势下处于相对弱势地位，他们的经济基础较差、社会关系匮乏、就业渠道窄，而且大多数贫困高校毕业生存在交际能力弱、竞争意识较差、自卑心理突出等个人自身的原因，这一群体在就业时面临的困难相对突出。可见，这一群体就业已经成为高校毕业生就业工作中的"难中之难"。关注这一特殊群体的就业问题，切实了解和听取他们的呼声和实际诉求，有针对性地采取帮扶措施，才能使高校毕业生就业扶持更加精准、更加有效。

（三）　具有积极正面的社会导向效应

贫困高校毕业生就业不仅仅是其个人的问题，更是一个社会问题。研究关注并推动解决贫困高校毕业生的就业问题，符合社会转型期解决河南省高校毕业生就业难题的实际需要，具有非常重要的现实意义。如果这一问题得不到妥善解决，会带来非常大的负面社会效应，导致社会极化现象更为严重。一是贫困高校毕业生就业难和就业差的实际状况，会降低贫困家庭支持孩子上大学的积极性和主动性，也会影响孩子继续求学的动力。长期来看，这会进一步拉大群体之间的教育差距。"上了大学照样找不到工作"的情况，使广大农村贫困地区出现了一些不良的舆论，如"上大学不如打工""读书无用论"等。这也是很多农村孩子很早就辍学的主要原因。二是贫困高校毕业生不能及时就业，也严重影响贫困高校毕业生自身的生活和精神状态。这些人不像其他家庭出身的学生，很难及时获得父母的支持，高校毕业生身份又让他们不甘于返回农村谋生，极易陷入非常困难的"民工化"生活状态，成为城市"蚁族"。再加上社会和家庭对这些学生寄予的期望，无形中也会增加贫困高校毕业生的心理压力。理想与现实的巨大反差，往往也会诱发精神异常和行为偏差。这种情况一旦扩散，影响非常负面。可见，重点关注贫困高校毕业生的就业问题，呼吁促进解决这一群体的就业难题，具有非常积极正面的社会导向效应。

（四）　有利于呼吁强化社会共识

当前，贫困高校毕业生就业工作已经引起社会各界的广泛关注，成为各地政府就业工作中的重中之重。但目前仍有部分高校对贫困高校毕业生就业缺乏专门和有针对性的指导，特别是针对贫困高校毕业生的政策帮扶、职业生涯规划的指导及就业问题的心理辅导等方面开展的工作相对较少。关注并研究解决贫困高校毕业生群体的就业问题，可以为高校就业指导工作提供理论依据，让就业主管部门或相关领导充分了解高校毕业生困难群体就业的真实状况，增强高校就业指导部门在贫困高校毕业生就业问题上工作的针对性，以便采取更加有效的政策措施推动高校毕业生就业工作，从而提高河南省高校毕业生的整体就业率。此外，重点关注研究贫困高校毕业生就业，还能够引导高校毕业生群体及家长正视自身的综合条件和就业竞争环境，推动其转变教育和就业理念，以促进贫困高校毕业生顺利就业。

二　河南贫困高校毕业生就业专项调查研究有关概述

（一）有关概念界定

1. 就业困难群体界定

"困难群体"是指在社会生产生活中由于群体的力量、权力相对较弱，而在分配、获取社会财富时相对困难的一种社会群体。"困难群体"在名义上是一个虚拟群体，是社会中一些生活困难、能力不足或被边缘化、受到社会排斥的散落人的概称。

"高校毕业生就业困难群体"是一个与高校学生普通群体比较而言的相对概念，是由于个人主观因素、心理品质完善程度、生活经历、社会关系、身体条件、所学专业等原因，在就业过程中处于不利地位而不能被用人单位接纳认可，就业出现困难的高校毕业生。这一群体由于经济状况、身体和心理健康状况、实践经验、社会关系、专业背景及综合素质等因素上的差异，处于相对弱势地位。

就业困难高校毕业生是指在就业时处于相对弱势的高校毕业生群体。这一群体的出现和发展，是生产关系和生产力之间内在矛盾的外在表现，也突出反映了中国在社会转型时期就业体制方面存在的某些问题，这是经济、社会等各方面综合因素造成的。在高校毕业生就业中，按照其形成原因分类，高校毕业生就业困难群体主要分为：①生理性困难群体，主要指因为性别、身体健康状况或体貌条件明显欠佳等因素而造成就业困难的群体；②心理性困难群体，主要指因为心理素质偏低和择业观念不适应社会要求、个人能力明显低于职业要求等因素而导致就业困难的群体；③关系型困难群体，主要指因为个人家庭背景、经济状况和社会关系等因素而造成就业困难的群体。在本课题研究中，结合河南省高校毕业生构成的实际情况，研究的视角是高校毕业生就业困难群体中的关系型困难群体，并且偏重于经济原因造成的高校毕业生就业困难群体，即贫困高校毕业生群体的就业问题。

2. 本项目对贫困高校毕业生的界定标准

对于贫困生，社会关注度很高，也有很多不同的界定标准。各高校使用的标准差别较大，一些学校把高校学生月消费作为衡量贫困的标准，通常月消费在 200 元以下认为是贫困生，月消费在 90 元以下为特困生。这样的界定标准目前明显是不合理的，随着物价水平的提高，且高校均分布在城市，这样定义贫困生不够客观；一些学校把居民最低生活保障线作为比照界定标准，将贫困生的生活水平界定用当地居民最低生活保障线衡量；还有些高校将这两种因素综合考虑。然而政府对高校家庭经济贫困生的定义是：高等院校中由于家庭经济困难，就学期间无力支付教育费用，或支付教育费用很困难的学生。由此看出，对于高校家庭经济贫困生的界定没有统一标准，没有科学的理论做指导，且在具体认定和操作上随意性较大。

20 世纪 80 年代以来，我国在全国普通高等院校逐渐实行奖、贷学金制度。奖学金是政府、学校和社会机构对高校学生在学习等方面成绩优秀的肯定而给予的表彰和鼓励，并不是因学生经济困难而授予的。贷学金是国家向家庭经济困难学生提供的无息贷款，只有在学生家庭确有困难，不能支付学习期间的全部或部分费用时，才可以申请。享受贷款的学生比例一般控制在国家任务招收学生数的 30% 以内。

通过调研走访发现，河南大部分的家庭经济困难高校毕业生主要来源于农村，城市的家庭经济困难毕业生多为城市最低保障户。绝大部分高校均为家庭经济贫困生办理有助学贷款，因此为调查研究方便，本调查项目将贫困高校毕业生范围统一界定为：在高校办理助学贷款或家庭有城乡最低保障金领取证的高校毕业生。

（二） 本次调查研究思路和方法

本项目立足于河南现实情况，以河南贫困高校毕业生为重点研究对象，通过深入调研，调查河南贫困高校毕业生就业的真实状况，通过比较贫困与非贫困高校毕业生在就业方面的现状及各种因素，分析贫困高校毕业生就业特点，找出影响贫困高校毕业生群体就业的关键因素；厘清当前河南促进高校毕业生就业有关政策的实施情况，多角度地研究贫困高校毕业生的就业问题；探索缓解河南省贫困高校毕业生就业问题的新方法和新途径，为有关部门制定高校毕业生就业政策措施提供参考。围绕项目研究的目标，从以下几方面开展研究，具体见调查研究技术路线图（见图5－1）。

首先，对当前河南贫困高校毕业生就业情况调查。课题采用访谈法、问卷调查法等研究方法，深入河南省不同类型的高校进行实地调研和问卷调查，掌握当前河南贫困高校毕业生就业的实际状况，调查对象是在校大学应届及近三年毕业的河南省贫困高校毕业生和非贫困高校毕业生。

其次，河南贫困高校毕业生就业影响因素分析。通过比较贫困高校毕业生与非贫困高校毕业生在就业方面的现状及各种因素，对调查结果进行统计分析，分析贫困高校毕业生就业的特点，找出影响贫困高校毕业生就业的关键因素，对贫困高校毕业生就业的成因进行分析。

再次，河南促进高校毕业生就业政策实施情况调查。深入就业服务机构、高校、企业及外省市获取高校毕业生就业政策实施情况和外省市的先进经验，为研究提供借鉴。

最后，提出促进贫困高校毕业生就业的对策和建议。

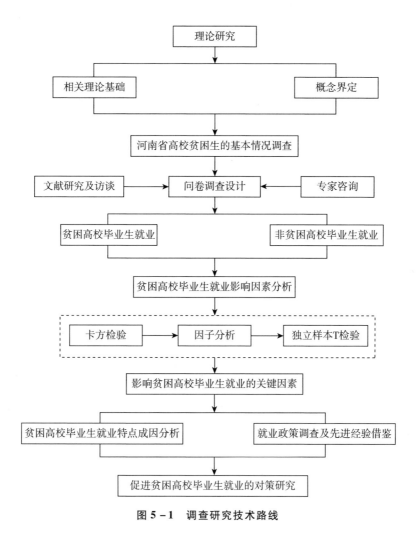

图 5 - 1　调查研究技术路线

三　河南省高校贫困生的基本情况

（一）河南省高校贫困生规模情况

河南作为我国人口大省、农业大省之一，"十二五"期末河南高等教育的毛入学率超过 30%，高校毕业生总规模位居全国第四。2017 年，河南普通高校毕业生总数达到 51.7 万人，再创历史新高。因为河南城市化水平相对较低，农村人口占比较大，河南农村籍高校学生的比例也相对较高。同时，河南农村学生大部分都是升入本省高校就读，而河南农村人口整体收入水平较低，所以河南省高校中贫困生的比例也相对较大。根据有关统计估算，河南省高校贫困生的比例约为 20%。据此推算，当前河南每年贫困高校毕业生的总量超过 10 万人。

（二） 河南省高校贫困生受助情况

河南省委省政府十分重视家庭贫困学生就业工作，先后出台《河南省人民政府关于建立健全普通本科高校高等职业学校和中等职业学校家庭经济困难学生资助政策体系的实施意见》（豫政〔2007〕57 号）、《关于进一步加强高等学校家庭经济困难学生资助工作的通知》（豫教财〔2013〕15 号）、《关于促进普通高等学校家庭经济困难毕业生就业创业的通知》（豫政〔2015〕13 号） 等文件来促进贫困高校毕业生就业，形成了国家奖学金、国家励志奖学金、国家助学金、高校国家助学贷款、生源地信用助学贷款、入伍学生学费补偿贷款代偿及学费资助、退役士兵教育资助、毕业生基层就业贷款代偿、高校困难新生入学资助项目、勤工助学、师范生免费教育、学费减免、特殊困难补助、新生入学"绿色通道"制度 14 种资助方式，建立以政府为主导的家庭经济困难学生资助政策体系。河南省教育厅有关数据显示，2016 年度河南省共向省内外河南籍学生发放年度国家助学贷款 36 亿元，共资助家庭经济困难学生近 47 万人。自 2004 年以来，河南省累计发放国家助学贷款 116.47 亿元，资助学生 196.78 万人次。

"这些政策中，覆盖范围最广的是'国家助学金'，资助面约占全省普通高校在校生总数的 20%。"这项政策资助对象是具有正式学籍的普通高校家庭经济困难学生，平均资助标准为每生每年 3000 元。各高校国家助学金可根据学生家庭情况，设置三档，具体标准在每生每年 1000~4000 元范围内确定。除此之外，家庭经济困难本、专科学生资助政策中，国家奖学金、高校国家助学贷款、入伍学生学费补偿贷款代偿及学费资助、退役士兵教育资助、毕业生基层就业贷款代偿这几项资助金额也比较多，为每人每年最高 8000 元。

四 河南省贫困高校毕业生的就业状况调查有关说明

（一） 调查思路

本项目以河南贫困高校毕业生（本、专科生，不包括研究生）为重点研究对象，目的是了解河南高校毕业生家庭经济困难群体就业真实状况和影响该群体就业的相关因素，摸清当前河南促进高校毕业生就业有关政策的实施情况。为了更好地了解贫困高校毕业生的就业状态，对贫困高校毕业生和非贫困高校毕业生分别进行调查，通过对比研究的方法，以非贫困高校毕业生群体为对照组，以贫困高校毕业生群体为实验组找出影响贫困高校毕业生求职就业的主要因素，从而提出相应的意见和建议。

（二） 调查问卷设计与发放

在问卷内容设计上，以简便易行为基本原则。问卷的大部分答题采用封闭式，少量采取开放性回答。问卷具体内容分为两大部分：第一部分是就业基本情况调查，主要了解贫困高校毕业生的就业状况；第二部分是就业影响因素调查，调查分析影响贫困高校毕业生就业的主要因素。调查主要采用抽样随机调查的方式，开展开放式问卷调查，抽取省属重点高校5所、一般本科10所（郑州5所，地方5所）、专科学校15所（郑州7所，地方8所）、独立学院2所（郑州1所，地方1所）、民办高校6所（郑州3所，地方3所），共计调研38所高校，设计发放问卷3000份。为保证问卷调查的真实准确性，在研究过程中课题组争取到了河南省人力资源和社会保障厅及河南省教育厅就业处的大力支持，问卷调查主要通过河南省教育厅就业处与各高校沟通，并发放问卷。本次调查主要采用电子邮件的形式获取数据信息。本次调查以河南贫困高校毕业生为重点研究对象，并将调查对象分为两大类：贫困高校毕业生和非贫困高校毕业生。问卷主要包括两类：针对应届高校毕业生的调查问卷和针对近3年内毕业的往届高校本、专科学生的调查问卷。

（三） 数据分析方法

根据单项选择题、多项选择题以及量表题，课题组分别采用不同的分析方法，以达到数据分析的目的。分析方法具体包括百分比统计分析、卡方检验、因子分析、两独立样本 T 检验。具体思路见图 5 - 2 的数据分析技术路线图。

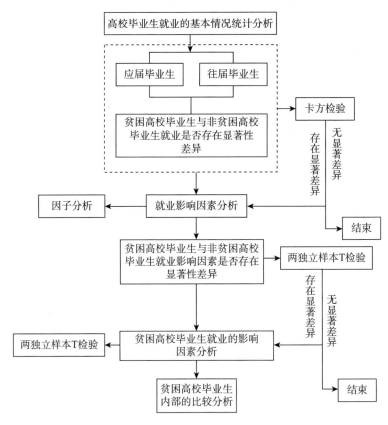

图 5 - 2　数据分析技术路线

五　河南省贫困高校毕业生就业状况调查结果与分析

本次调查我们需要对贫困高校毕业生和非贫困高校毕业生分别进行问卷调

查。本次调查为随机抽样，共发放问卷 3000 份，为了进行比对分析，贫困和非贫困样本各占 50%。实际回收有效问卷为 2347 份，其中贫困高校毕业生 1171人，非贫困高校毕业生 1176 人，问卷有效回收率为 78.23%，并使用 SPSS 软件进行数据分析（见表 5-1）。此次调查的特困生占贫困生总比例的 1.16%。

表 5-1　问卷发放及回收情况统计

	发放问卷/回收问卷	有效问卷	有效回收率
邮寄电子问卷调查	3000/2600	2347	78.23%

（一）调查样本结构描述性分析

本调查主要通过对贫困高校毕业生和非贫困高校毕业生就业状况的调查，从毕业后的选择、就业期望薪酬、期望就业区域、就业单位、获取就业信息途径及影响求职最重要的因素等方面分析应届（往届）贫困高校毕业生与应届（往届）非贫困高校毕业生在求职就业过程中的差异。此次调查是以应届高校毕业生和毕业 3 年以内的往届学生为样本，调查时间为2016 年 6~7 月。因为高校毕业生毕业后影响就业的因素较多，所以此次调查结果只能部分反映贫困高校毕业生的就业状况。

本次问卷调查采取随机调查方法，从有效样本情况看，调查贫困高校毕业生 1171 名，其中应届毕业生 273 名；非贫困毕业生 1176 名，其中应届毕业生 257 名。从性别来看，男生占比为 61.4%；从来源地看，63.8% 的学生来源于农村；从专业分布情况看，理工科学生较多，占 65.7%；从学历层次分布看，本科高校学生（包括民办）有 1099 人，占样本总数的 46.8%；从院校性质来看，来自公办高校的学生有 2040 人，占被调查人数的 86.9%。

本次调查结束后，课题组成员首先对河南省贫困高校毕业生和非贫困高校毕业生的基本情况进行统计整理，以了解贫困高校毕业生相对于非贫困高校毕业生的特点。

1. 调查样本性别分布情况

统计整理贫困高校毕业生和非贫困高校毕业生的性别分布，具体情况如表 5-2 所示：

表5－2　贫困高校毕业生与非贫困高校毕业生性别分布情况

单位：人

项目	男性		女性	
贫困高校毕业生	应届毕业生	164	应届毕业生	109
	往届毕业生	538	往届毕业生	360
非贫困高校毕业生	应届毕业生	165	应届毕业生	92
	往届毕业生	573	往届毕业生	346

对表5－2进行整理，比较贫困高校毕业生与非贫困高校毕业生在性别分布上是否有差异。采用卡方检验来实现这一目的，运用SPSS 17.0软件进行数据分析，结果整理如表5－3和表5－4所示：

表5－3　卡方检验结果

Chi-Square Tests

	Value	df	Asymp. Sig. (2-sided)	Exact Sig. (2-sided)	Exact Sig. (1-sided)
Pearson Chi-Square	1.949a	1	0.163		
Continuity Correction[b]	1.832	1	0.176		
Likelihood Ratio	1.949	1	0.163		
Fisher's Exact Test				0.175	0.088
Linear-by-Linear Association	1.948	1	0.163		
N of Valid Cases[b]	2347				

a. 0 cells (0%) have expected count less than 5. The minimum expected count is 452.53.

b. Computed only for a 2×2 table.

表5－4　样本性别分布情况与卡方检验结果汇总

单位：人

项目	男性	女性	合计
贫困高校毕业生	702	469	1171
非贫困毕业生	738	438	1176
合计	1440	907	2347
卡方检验结果	$\chi^2 = 1.949$　Asymp. Sig. (2-sided) $= 0.163 > 0.05$		

由以上统计内容可见，表5-3和表5-4的结果显示，贫困高校毕业生与非贫困高校毕业生在性别分布上是无差异的。从表5-4中还可以看出，无论是贫困高校毕业生还是非贫困高校毕业生，男生比例都要远高于女生，说明男生接受高等教育的机会相对较大。在我们调查的2347个有效样本中，男性有1440人，占总人数的61.4%，这一比例相比过去已有所下降。

2. 调查样本生源地分布情况

为便于比较，我们将调查样本生源地分为城市（县级以上）、城镇（乡镇一级）、农村三个层次。统计整理贫困高校毕业生与非贫困高校毕业生的生源地分布数据，具体情况如表5-5所示：

表5-5　贫困高校毕业生与非贫困高校毕业生的生源地分布情况

单位：人

项目	城市	城镇	农村	合计
贫困高校毕业生	95	206	870	1171
非贫困高校毕业生	202	347	627	1176
合计	297	553	1497	2347
卡方检验结果	$\chi^2 = 1.414$　Asymp. Sig. (2 - sided)　= 0.000 < 0.05			

卡方检验结果显示，来自城市、城镇和农村的贫困高校毕业生比例是有显著差异的。农村家庭困难人数比例明显高于城市及城镇。贫困高校毕业生中，来自城市的只占8.1%，低于城镇的17.6%，更是比来自农村的74.3%低66.2个百分点。可见，出生背景形成的差距还是非常大的。从贫困高校毕业生的认定情况以及调研中贫困生的分布结果来看，大部分贫困学生来源于农村。

3. 调查样本专业分布情况

此项研究中，我们只对高校毕业生所学专业进行了理工科、文管科两个大的类别划分。统计整理贫困高校毕业生与非贫困高校毕业生的专业分布数据，具体情况如表5-6所示：

表 5 - 6　贫困高校毕业生与非贫困高校毕业生的专业分布情况

单位：人

项目	理工科	文管科	合计
贫困高校毕业生	753	418	1171
非贫困高校毕业生	789	387	1176
合计	1542	805	2347
卡方检验结果	$\chi^2 = 2.024$　Asymp. Sig. (2 - sided) = 0.155 > 0.05		

表 5 - 6 的检验结果表明，家庭经济是否困难对于学生选择专业没有显著影响。近几年国家对于困难家庭的资助政策不断完善，困难家庭倍受鼓舞，很多家长也愿意让子女上大学去接受更好的教育，以便获取更好的就业机会和职业发展。再加上贫困生入学以后，在完成学业的同时，也可以合理安排课余时间，打工赚取生活费，或者获取学校的各种资助。因此，贫困生能够根据自己的喜好和想法自主选择专业。贫困高校毕业生或非贫困高校毕业生选择专业的比例分布几近相同。

从表 5 - 6 中可以看出，有 60% 以上的高校毕业生选择的是理工科，不到 40% 的学生选择了文管科。社会上流行这样一句俗语："读文科好考大学，读理科好找工作。"现在越来越多的学生在考大学时就会考虑到未来就业的问题。归根到底，考大学不轻松，找工作不容易。但问题的关键其实不在于文科和理科哪个好，而在于学生自身更适合文科还是理科。但目前大部分学生甚至家长在选择专业时是盲目的或者带着错误的目的。还有另外一种解释就是现有的高校毕业生中男性的比例在 60% 以上，而男生一般会选择理工科，女生选择文管科的较多。

4. 调查样本所在高校分布情况

统计整理贫困高校毕业生与非贫困高校毕业生所在高校分布数据，具体情况如表 5 - 7、图 5 - 3 所示：

表 5 - 7　贫困高校毕业生与非贫困高校毕业生所在高校分布情况

单位：人

项目	省内重点	省内公办本科	省内民办本科	省内公办专科	省内民办专科	合计
贫困高校毕业生	448	533	34	150	6	1171

续表

项目	省内重点	省内公办本科	省内民办本科	省内公办专科	省内民办专科	合计
非贫困高校毕业生	158	358	174	393	93	1176
合计	606	891	208	543	99	2347
卡方检验结果	$\chi^2 = 4.526$　Asymp. Sig. (2 - sided)　= 0.000 < 0.05						

表5-7的检验结果表明，贫困高校毕业生与非贫困高校毕业生在毕业院校的分布上是有显著性差异的。大部分的家庭贫困学生会选择省内重点和省内公办本科，而选择省内民办专科和省内民办本科的学生所占的比例非常低，非贫困高校毕业生选择民办专科和民办本科的比例较高。贫困高校毕业生选择省内重点、省内公办本科的比例分别是19.1%、22.7%，而非贫困高校毕业生所占的比例分别是6.73%、15.25%；非贫困高校毕业生分布在省内民办本科和省内民办专科的比例远远高于贫困高校毕业生，非贫困高校毕业生的比例分别是7.41%、3.96%，贫困高校毕业生的这一比例仅为1.45%、0.26%。这可能是由于省内民办院校学费较之公办院校来说相对要高些，超出了贫困高校毕业生的承受能力。

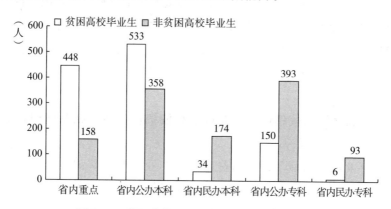

图5-3　贫困高校毕业生与非贫困高校毕业生
所在高校分布情况

（二）应届贫困高校毕业生就业取向调查结果与分析

1. 应届贫困高校毕业生与非贫困高校毕业生就业意愿比较分析

对应届高校毕业生的就业意愿数据进行统计整理，并运用 SPSS 17.0 软件对所整理的数据进行卡方检验，略去检验的过程，将结果整理如表 5 - 8 所示：

表 5 - 8　应届贫困高校毕业生与非贫困高校毕业生就业意愿

单位：人

项目	找工作就业	创业	考研	等一段时间	其他	合计
贫困高校毕业生	194	24	39	10	6	273
非贫困高校毕业生	161	47	34	11	4	257
合计	355	71	73	21	10	530

表 5 - 8 的分析结果显示，应届贫困高校毕业生与非贫困高校毕业生在毕业以后的选择上整体没有显著差异，个别选项上差异较大。整体上，60%以上的学生都选择毕业以后找工作就业。但选择创业的贫困高校毕业生明显少于非贫困高校毕业生：贫困高校毕业生中有 24 人想要创业，占贫困高校毕业生总人数的 8.8%；非贫困高校毕业生有 47 人想要创业，占非贫困高校毕业生总人数的 18.3%。非贫困高校毕业生创业意愿是贫困高校毕业生的 2 倍多。这可能主要是由于创业所需要具备的条件，非贫困高校毕业生更容易满足。我们在调查中发现很多贫困高校毕业生也有创业的想法，但是他们表示："自己还养不活呢，拿什么创业，一没人脉，二没资金，要创业太难，即便是创业想要持续运营下去也承担不起失败的损失，因而不敢创业。"

2. 应届贫困高校毕业生与非贫困高校毕业生初次就业期望薪酬比较分析

表 5 - 9 的结果显示，应届贫困高校毕业生与非贫困高校毕业生对于初次就业的期望薪酬是有差异的。2000 元以下的月工资水平贫困高校毕业生能接受的较少，主要原因是在就业的过程中，贫困高校毕业生背负的压力可能更大一些：一方面，他们需要偿还贷款、获得经济独立；另一方面，他们还希望通过自己的努力改善家庭经济困难的现状等。在求职的过程中对薪金的要求也会有所提高。这成为阻碍贫困高校毕业生及时就业的重要因素。

表 5 – 9 应届贫困高校毕业生与非贫困高校毕业生初次就业期望薪酬

单位：人

项目	1500 ~ 2000 元	2000 ~ 2500 元	2500 ~ 3000 元	3000 ~ 4000 元	4000 元以上	合计
贫困高校毕业生	13	66	67	105	22	273
非贫困高校毕业生	17	31	71	115	23	257
合计	30	97	138	220	45	530
卡方检验结果	$\chi^2 = 13.407$ Sig. $= 0.009 < 0.05$					

同时，我们也发现，在我们调查的 530 名应届毕业生中，无论是贫困高校毕业生还是非贫困高校毕业生，对自己的初次就业期望薪酬要求均较高。220 名高校毕业生对于初次就业期望薪酬为 3000 ~ 4000 元，这一比例占了调查总人数的 41.5%。而现实情况是，部分刚毕业的高校毕业生在试用期的收入还不到 2000 元。这说明应届高校毕业生对于就业期待过于美好，现实与期望的差距过大，这会让高校毕业生充满沮丧，最后没有工作积极性，甚至导致丢掉工作。

3. 应届贫困高校毕业生与非贫困高校毕业生期望就业区域比较分析

表 5 – 10 的分析结果显示，应届贫困高校毕业生与非贫困高校毕业生对于期望的就业区域整体上是没有显著差异的，个别选项略有差异。从具体比对分析上看，贫困高校毕业生选择在大城市就业的比例要略低于非贫困高校毕业生，这也说明贫困高校毕业生迫于生活的压力，相对较为保守，这与我们在实地走访调研中获得的信息基本一致。

表 5 – 10 应届贫困高校毕业生与非贫困高校毕业生期望就业区域

单位：人

项目	京广沪	沿海开放城市	省会城市	中小城市	城镇乡村	边远地区	其他	合计
贫困高校毕业生	46	87	91	37	6	4	2	273
非贫困高校毕业生	52	81	90	23	7	1	3	257
合计	98	168	181	60	13	5	5	530
卡方检验结果	$\chi^2 = 5.453$ Sig. $= 0.487 > 0.05$							

从就业期望流向结构可以看出，应届贫困高校毕业生与非贫困高校毕业生中的大多数学生选择了省会城市和沿海开放城市。总体上，33.3%的应届贫困高校毕业生选择了省会城市，近32%的应届贫困高校毕业生选择了沿海开放城市，这些城市经济发达，工资待遇良好，但竞争相对也会很大。有13.6%的应届贫困高校毕业生选择在中小城市，中小城市虽没有沿海地区经济发达，工资待遇也没有沿海地区好，但竞争相对较小，薪酬相对于中小城市的生活水平也差不了多少，这样就大大减小了工作压力。还有一些贫困高校毕业生选择在京广沪这些一线城市工作，这些地方工资待遇和福利要高很多，但工作压力相对较高。愿意选择边远地区的人数非常少，尚不到1%。这也说明，边远地区因收入和就业环境的原因而对贫困高校毕业生缺少吸引力。

4. 应届贫困高校毕业生与非贫困高校毕业生期望就业单位比较分析

表5-11的检验结果显示，整体上，应届贫困高校毕业生与非贫困高校毕业生在期望就业单位类型上没有显著差异。对于被调查的应届贫困高校毕业生来讲，就业首选事业单位，然后是国有企业。但具体来看，应届贫困高校毕业生选择政府机关、事业单位的比例合计约为40%，高于应届非贫困高校毕业生的29.2%约11个百分点（见图5-4、图5-5）。可见，贫困高校毕业生在就业选择上还是更倾向于比较稳定的单位，也说明他们比较求稳，应对市场竞争的信心和勇气相对不足。

表5-11　应届贫困高校毕业生与非贫困高校毕业生期望就业单位

单位：人

项目	政府机关	事业单位	国有企业	外资企业	中外合资企业	私营企业	其他	合计
贫困高校毕业生	23	86	75	34	18	34	3	273
非贫困高校毕业生	24	51	94	38	14	31	5	257
合计	47	137	169	72	32	65	8	530
卡方检验结果	$\chi^2 = 11.988$　Sig. $= 0.060 > 0.05$							

调查显示，大部分应届高校毕业生理想的就业单位是国企、事业单位和外企。国企和事业单位福利待遇好，工作稳定性高，可以给高校毕

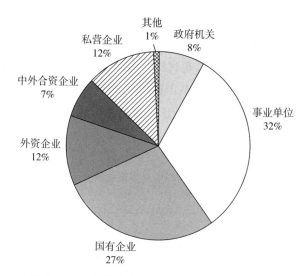

图 5 - 4　应届贫困高校毕业生期望就业单位分布

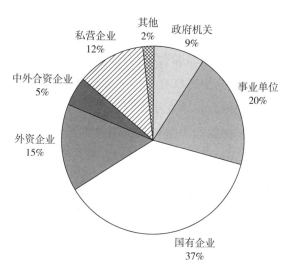

图 5 - 5　应届非贫困高校毕业生期望就业单位分布

业生们一个较好的生存和发展保障。其中，应届贫困高校毕业生中32%选择事业单位，27%选择国有企业。应届非贫困高校毕业生有20%选择事业单位，37%选择国有企业。外企薪资待遇好，一些先进的管理理念和鲜明的企业文化比较吸引高校毕业生，和高校毕业生的思想也比较契合，所以有相当部分高校毕业生愿意去外企工作。有12%的应届贫困高校毕业生毕业后希望自己在外企工作，而非贫困高校毕业生的这一比例为 15%，二者相差不大。

5. 应届贫困高校毕业生与非贫困高校毕业生就业帮助因素调查

表 5 – 12 的结果显示，应届贫困高校毕业生与非贫困高校毕业生认为对就业帮助最大的因素没有显著性差异。他们基本上都认为对自己就业有帮助的因素中排在前三位的是：专业课程、专业实训以及短期实践。

表 5 – 12　应届贫困高校毕业生与非贫困高校毕业生就业帮助因素调查

单位：人

项目	基础课程	专业课程	短期实践	专业实训	课外活动	担任干部	参加社团	其他	合计
贫困高校毕业生	32	77	38	67	17	22	20	0	273
非贫困高校毕业生	34	70	40	65	14	21	11	2	257
合计	66	147	78	132	31	43	31	2	530
卡方检验结果	$\chi^2 = 4.923$　Sig. $= 0.669 > 0.05$								

6. 应届贫困高校毕业生与非贫困高校毕业生求职因素评价调查

从表 5 – 13 及图 5 – 6 中可以看出，对求职因素的调查结果显示，应届贫困高校毕业生与非贫困高校毕业生将专业知识和工作能力排在第一位和第二位的居多。而对于交际能力来说，应届贫困高校毕业生将其排在第三位的居多，而应届非贫困高校毕业生将其排在第二位的居多。

表 5 – 13　应届贫困高校毕业生与贫困高校毕业生求职因素评价调查

单位：人

项目	排序	专业知识	工作能力	交际能力	态度	相貌	口才	特长	学习能力	其他
贫困高校毕业生	一	80	39	9	3	2	1	1	5	0
	二	13	68	7	2	1	2	0	4	0
	三	13	14	27	3	1	1	2	5	0
非贫困高校毕业生	一	81	44	10	2	3	1	0	3	0
	二	14	68	27	1	2	1	1	3	0
	三	11	16	15	4	1	5	0	1	0

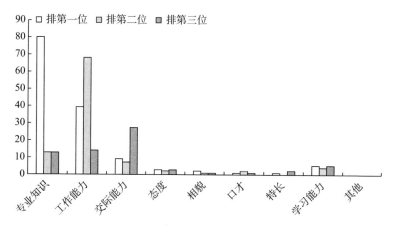

图 5－6 应届贫困高校毕业生求职因素评价

7. 应届贫困高校毕业生与非贫困高校毕业生就业信息获得方式调查

表 5－14 显示，应届贫困高校毕业生与非贫困高校毕业生在就业获取渠道上有显著差异。从图 5－7 和图 5－8 的对比中可以发现，应届贫困高校毕业生获取就业的主要渠道是现场招聘会、校园信息和求职网；而应届非贫困高校毕业生除了这三种渠道以外，亲朋推荐的比例也比较高，达到了 21.8%，而贫困高校毕业生的这一渠道仅占 2.2%。这也说明贫困高校毕业生就业的社会支持和社会资源相对差于非贫困高校毕业生，很多贫困高校毕业生因为就业信息不对称而失去了就业机会。因此，毕业生收集就业信息不能只靠现场招聘会和校园信息，尤其是自己到处找单位或发求职信，一般来说这些办法的成功率并不高，要善于利用各种渠道、通过各种途径收集信息。

表 5－14 应届贫困高校毕业生与非贫困高校毕业生获得就业信息的方式

单位：人

项目	现场招聘会	校园信息	求职网	亲朋推荐	其他	合计
贫困高校毕业生	120	78	63	6	6	273
非贫困高校毕业生	68	65	64	56	4	257
合计	188	143	127	62	10	530

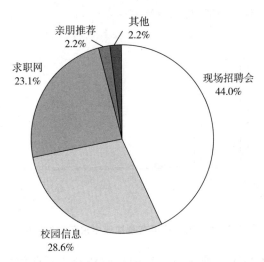

图 5 - 7 应届贫困高校毕业生获取就业渠道的比例

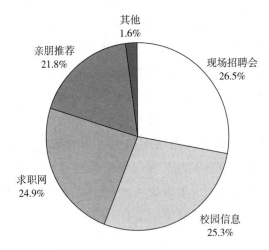

图 5 - 8 应届非贫困高校毕业生获取就业渠道的比例

8. 应届贫困高校毕业生与非贫困高校毕业生关注就业信息的时间调查

表 5 - 15 的结果显示，应届贫困高校毕业生与非贫困高校毕业生关注就业信息的时间是有显著差异的。应届贫困高校毕业生在入学当年和入学的第二年就开始关注就业信息的人数较多，31.5% 的人入学当年就开始关注就业信息，38.8% 的人入学第二年关注就业信息。而应届非贫困高校毕业生的这一比例相对要比应届贫困高校毕业生的低，分别为

27.6% 和 27.2%。可见，贫困高校毕业生对未来更为操心，也在一定程度上反衬了贫困高校毕业生就业支持较少。尽管如此，现实中，很多贫困高校毕业生仍旧缺乏就业机会，很大一方面是和家庭社会关系有关，获取的就业信息有限且有效性差。

表 5 - 15　应届贫困高校毕业生与非贫困高校毕业生关注就业信息的时间

单位：人

项目	当年	第二年	第三年	临近毕业	合计
贫困高校毕业生	86	106	43	38	273
非贫困高校毕业生	71	70	62	54	257
合计	157	176	105	92	530

9. 应届贫困高校毕业生与非贫困高校毕业生对就业信息的了解程度调查

表 5 - 16 的结果显示，应届贫困高校毕业生与非贫困高校毕业生对就业信息的了解程度是有显著差异的。应届贫困高校毕业生中有 36.3% 的人对就业信息非常了解或比较了解，而应届非贫困高校毕业生的这一比例为 44.7%。应届贫困高校毕业生中对就业信息了解一般或不了解的比例为 63.7%，而应届非贫困高校毕业生的这一比例为 55.3%。整体来看，应届贫困高校毕业生对就业信息了解不够，有超 60% 的应届贫困高校毕业生对就业信息了解一般或不了解。但具体分析，虽然贫困高校毕业生了解就业信息着手较早，但了解程度不如非贫困高校毕业生，原因可能是信息获取渠道的不同。非贫困高校毕业生虽然关注就业信息较晚，但只要有心关注，各种渠道来源较多，对信息的了解程度也较高。

表 5 - 16　应届贫困高校毕业生与非贫困高校毕业生对就业信息的了解程度

单位：人

项目	非常了解	比较了解	了解一般	不了解	合计
贫困高校毕业生	24	75	127	47	273
非贫困高校毕业生	22	93	73	69	257

续表

项目	非常了解	比较了解	了解一般	不了解	合计
合计	46	168	200	116	530
卡方检验结果	$\chi^2 = 20.303$ Sig. $= 0.000 < 0.05$				

（三） 往届贫困高校毕业生与非贫困高校毕业生的就业状态比较分析

1. 往届贫困高校毕业生与非贫困高校毕业生的就业状态分析

对以往三届已毕业的学生数据进行统计整理，并运用 SPSS 软件进行卡方检验，将检验结果整理如表 5 - 17 所示：

表 5 - 17　往届贫困高校毕业生与非贫困高校毕业生的就业状态

单位：人

项目	工作中	继续考研	在读研究生	创业	待业	其他	合计
贫困高校毕业生	605	87	95	68	14	29	898
非贫困高校毕业生	512	113	101	112	63	18	919
合计	1117	200	196	180	77	47	1817

通过对 898 名往届贫困高校毕业生的就业状态进行调查统计，如表 5 - 17 分析结果显示：往届贫困高校毕业生与非贫困高校毕业生的就业状态是有差异的。往届高校毕业生中，贫困高校毕业生已就业的有 605 人，占比为 67.4%，这一比例高于非贫困高校毕业生占比（55.7%）11.7 个百分点。贫困高校毕业生待业的有 14 人，占贫困高校毕业生总人数不到 2%；而非贫困高校毕业生待业人员有 63 人，占非贫困高校毕业生总人数的 6.9%，是贫困高校毕业生相应比例的好几倍。这可能是因为贫困高校毕业生缺乏家庭经济支持，毕业后，迫于经济独立、还贷、改善家庭经济状况等压力，无法长期待业；非贫困高校毕业生中选择创业的有 112 人，占比 12.2%，远高于贫困高校毕业生的 7.6%。整体这么高的创业率，也说明在当前就业压力加大的形势下，创业对高校毕业生来说既是挑战，也是无奈的选择。我们在调研走访中，也发现目前选择创业的毕业生真正能够稳定运营的并

不多，创业的成功率相对较低。而贫困高校毕业生和非贫困高校毕业生之间创业率的差异，也在某种程度上说明贫困高校毕业生创业可以利用的社会资源要少于非贫困高校毕业生。

同时，我们通过与应届高校毕业生就业意愿调查数据比对发现，应届高校毕业生毕业后选择"等一段时间"的人有 21 人，其中贫困高校毕业生 10 人，非贫困高校毕业生 11 人，差别并不大。对往届高校毕业生的就业状况调查还发现，待业总共 77 人，其中贫困高校毕业生 14 人，占总待业人数 18.2%；非贫困高校毕业生有 63 人，占总待业人数的 81.8%。可见，贫困高校毕业生由于自身经济条件的原因，毕业后往往不会将自己置身自愿失业的范围内，同时也不允许自己在摩擦性失业中浪费很长时间。而非贫困高校毕业生由于家庭背景良好，一旦期望工资低于保留工资，则宁愿失业也不愿意工作。

2. 往届贫困高校毕业生与非贫困高校毕业生的薪酬状况分析

为了研究需要和方便比对，我们只对已就业的 1117 名毕业生样本的薪酬状况进行整理分析，这里调查样本不包括选择创业有收入的学生。通过表 5 - 18 的分析结果显示：往届贫困高校毕业生与非贫困高校毕业生目前的薪酬状况是有显著差异的。贫困高校毕业生在中低收入特别是低收入区间的比例远高于非贫困高校毕业生，相应高收入区间的比例远低于非贫困高校毕业生。如贫困高校毕业生收入在 2500 元以下的占比为 57%，比非贫困高校毕业生的 41% 高了 16 个百分点。而非贫困高校毕业生收入在 3000~4000 元的比例为 23%，比贫困高校毕业生的 14% 高了 9 个百分点。非贫困高校毕业生收入在 4000 元以上的比例为 6%，是贫困高校毕业生相应占比（约 0.3%）的 20 倍。可见，因社会资源的差异，仅就收入看，贫困高校毕业生和非贫困高校毕业生的就业质量差异非常大。

表 5 - 18　往届贫困高校毕业生与非贫困高校毕业生的薪酬状况

项目	1500~2000 元	2000~2500 元	2500~3000 元	3000~4000 元	4000 元以上	合计
贫困高校毕业生（人）	115	230	175	83	2	605
非贫困高校毕业生（人）	71	138	154	118	31	512

续表

项目	1500~2000元	2000~2500元	2500~3000元	3000~4000元	4000元以上	合计
贫困高校毕业生比例（%）	19	38	29	14	—	100
非贫困高校毕业生比例（%）	14	27	30	23	6	100

和应届高校毕业生的期望薪酬结果比较之后，发现应届高校毕业生对于期望薪酬的要求和往届毕业生现实收入状况存在明显差异。应届高校毕业生中贫困高校毕业生约有5%的人能接受低于2000元的薪酬，24.54%的贫困高校毕业生要求薪酬在2500~3000元，38.46%的贫困高校毕业生希望工资水平在3000~4000元，还有8.1%的高校毕业希望工资在4000元以上。这也提醒高校毕业生要调整心态、接受现实，对初次就业特别是试用期期间的薪酬水平期望不要太高。

3. 往届贫困高校毕业生与非贫困高校毕业生的就业区域分析

通过对已就业的1117名毕业生样本（贫困高校毕业生605名，非贫困高校毕业生512名，不包括选择创业有收入的学生）的就业区域进行整理，如表5-19分析结果显示：往届贫困高校毕业生与非贫困高校毕业生在就业区域的选择上是有差异的。如贫困高校毕业生在省会城市、沿海开放城市和京广沪一线城市工作的人数合计为360人，占比为59%；非贫困高校毕业生的这一比例为71%，比贫困高校毕业生高了12个百分点。贫困高校毕业生在中小城市、城镇乡村工作的人数合计为235人，占比为39%；非贫困高校毕业生的这一比例为29%，比贫困高校毕业生低了10个百分点。

表5-19 往届贫困高校毕业生与非贫困高校毕业生的就业区域

项目	京广沪	沿海开放城市	省会城市	中小城市	城镇乡村	边远地区	其他	合计
贫困高校毕业生（人）	57	83	220	165	70	10	2	605
非贫困高校毕业生（人）	58	86	218	105	39	4	2	512
贫困高校毕业生比例（%）	9	14	36	27	12	2	—	100
非贫困高校毕业生比例（%）	11	17	43	21	8	1	—	101

注：计算时因采用四舍五入取值，所以比例合计值出现不等于100%的情况。

　　将应届贫困高校毕业生的调查结果与往届贫困高校毕业生的调查结果进行对此后发现，应届贫困高校毕业生的第一选择是省会城市，其次是沿海开放城市，然后是京广沪；而在往届贫困高校毕业生的实际就业地调查中发现，除了省会城市，有27%的往届贫困高校毕业生毕业以后选择在中小城市。访谈中很多毕业生纷纷表示，"在大城市生活，没有社会资源，也没有人脉关系，单枪匹马奋斗，想安家立业太难"。很多贫困高校毕业生都是先在城市待1~2年，然后回到中小城市选择相对安逸的生活方式。

4. 往届贫困高校毕业生与非贫困高校毕业生认为对就业帮助最大的环节

　　从表5-20及图5-9中可以看出，往届贫困高校毕业生认为对就业帮助最大的环节排名前三位的依次是专业课程、基础课程和短期实践。而往届非贫困高校毕业生认为基础课程排在第一位，专业课程排在第二位，短期实践排在第三位。

表5-20　往届贫困高校毕业生与非贫困高校毕业生认为对就业帮助最大的环节

单位：人

项目	排序	基础课程	专业课程	短期实践	专业实训	课外活动	担任干部	参加社团	其他
贫困高校毕业生	一	176	195	123	64	9	58	18	3
	二	21	139	85	133	31	43	27	5
	三	24	32	92	76	34	60	88	1
非贫困高校毕业生	一	204	182	57	87	15	39	9	3
	二	39	193	109	107	28	48	23	4
	三	37	33	107	94	44	79	62	4

　　然而，现实情况是很多高校在校学生总是认为学习知识是大学里最不重要的一件事，往往荒废了学业。专业课知识很重要，尤其是方法及解决问题或发现问题的思路和过程，这些在工作中不是用不到，而是无形中要用到，还是需要好好学习的。能力比知识更重要，不学知识又哪来能力？这一调查结果也提醒部分在校学生：大学在读期间，要注重专业知识的学习。

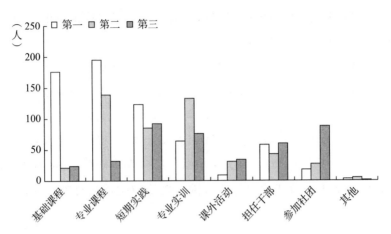

图 5 – 9　往届贫困高校毕业生认为在校期间对就业帮助最大的环节

5. 往届贫困高校毕业生与非贫困高校毕业生的就业单位分析

通过对已就业的 1117 名往届毕业生样本（不包括选择创业有收入的学生）的就业单位情况进行整理，如表 5 – 21 的统计分析结果显示：往届贫困高校毕业生与非贫困高校毕业生在就业单位选择上是有差异的。贫困高校毕业生在私营企业就业的比例为 54%，而非贫困高校毕业生的相应比例为 45%，二者相差了 9 个百分点。而在收入较高的外资或合资企业、工作较为稳定的事业单位和国有企业中的比例，非贫困高校毕业生都相应高于贫困高校毕业生。

表 5 – 21　往届贫困高校毕业生与非贫困高校毕业生的就业单位

项目	政府机关	事业单位	国有企业	外资企业	中外合资	私营企业	其他	合计
贫困高校毕业生（人）	36	53	79	54	49	325	9	605
非贫困高校毕业生（人）	27	52	93	54	53	229	4	512
贫困高校毕业生比例（%）	6	9	13	9	8	54	1	100
非贫困高校毕业生比例（%）	5	10	18	11	10	45	1	100

将应届高校毕业生的意向调查结果与往届高校毕业生的调查结果进行比较，我们会发现，"理想和现实"真的差异很大。面对残酷的就业市场，一方面拼的是个人实力，另一方面更重要的还是看毕业生的社会资源和社

会关系。这一点体现在就业单位选择上，尤其明显。

6. 往届贫困高校毕业生与非贫困高校毕业生认为求职最重要的因素分析

从表 5 - 22 可以看出，往届贫困高校毕业生和非贫困高校毕业生都认为求职最重要的三大因素按顺序分别是专业知识、工作能力和交际能力。这一结果和应届毕业生的调研结果基本一致。对此，高校可以有针对性地开展日常教学或实践训练。

表 5 - 22　往届贫困高校毕业生与非贫困高校毕业生认为求职最重要的因素

单位：人

项目	排序	专业知识	工作能力	交际能力	态度	相貌	口才	特长	学习能力	其他
贫困高校毕业生	一	218	187	85	53	14	26	1	12	6
	二	69	205	123	71	22	37	5	32	5
	三	53	102	130	62	19	57	19	101	4
非贫困高校毕业生	一	223	144	90	40	24	26	6	9	5
	二	53	202	136	55	14	51	8	30	2
	三	63	53	139	78	23	73	14	71	9

7. 往届贫困高校毕业生与非贫困高校毕业生求职优先考虑的因素分析

从表 5 - 23 中可以看出，往届贫困高校毕业生求职时，首先看重的是薪酬与福利，其次是地域，再次看个人发展和单位性质；非贫困高校毕业生会将地域放在首位，其次是薪酬与福利，再次是个人发展。由此可见，对贫困高校毕业生而言，生存是排在第一位的问题，没有生存就不用考虑发展的问题。

表 5 - 23　往届贫困高校毕业生与非贫困高校毕业生求职优先考虑的因素

单位：人

项目	排序	地域	薪酬与福利	单位性质	个人发展	家庭期望	其他
贫困高校毕业生	一	205	255	42	108	14	9
	二	65	171	74	123	23	3
	三	98	47	137	117	23	12

项目	排序	地域	薪酬与福利	单位性质	个人发展	家庭期望	其他
非贫困高校毕业生	一	242	180	45	106	28	8
	二	58	205	97	120	25	3
	三	91	58	82	180	61	8

8. 往届贫困高校毕业生与非贫困高校毕业生获得就业信息方式的分析

通过对已就业的 1117 名往届毕业生样本（不包括选择创业有收入的学生）获得就业信息方式的情况进行整理，如表 5-24 分析结果显示：在实际求职过程中，往届贫困高校毕业生主要依靠现场招聘会与校园信息及求职网等公开就业信息渠道或平台。而往届非贫困高校毕业生除了依靠这些公开渠道外，依靠亲朋推荐的也比较多。如往届非贫困高校毕业生依靠亲朋推荐获得就业信息的比例为 17%，远高于贫困高校毕业生的 9%。这一结果和应届高校毕业生调查结果基本上是一致的。可见，贫困高校毕业生在就业时因拥有社会资源不足而能够获得的社会支持相对较少。

表 5-24　往届贫困高校毕业生与非贫困高校毕业生获得就业信息的方式

项目	现场招聘会	校园信息	求职网	亲朋推荐	其他	合计
贫困高校毕业生（人）	234	163	135	53	20	605
非贫困高校毕业生（人）	167	103	134	89	19	512
贫困高校毕业生比例（%）	39	27	22	9	3	100
非贫困高校毕业生比例（%）	33	20	26	17	4	100

9. 往届贫困高校毕业生与非贫困高校毕业生对工作的满意度分析

通过对已就业的 1117 名往届毕业生样本（不包括选择创业有收入的学生）对工作的满意度情况进行整理，如表 5-25 分析结果显示：往届贫困高校毕业生与非贫困高校毕业生对工作的满意度有相应差异。往届非贫困高校毕业生对工作的满意度相对较高，选择基本满意、比较满意、非常满意的学生人数相加占比达到 88%，贫困高校毕业生相应比例只有 68%；从负面评价分项结果看，往届贫困高校毕业生选择不太满意、很不满意的比例分别为 25%、6%，而非贫困高校毕业生的相应比例分别为 10%、2%，往届贫困高校毕业生与非贫困高校毕业生之间的评价差距较大。这也与我们走访和座谈了解的实际情况基本一致。这既反映了往届贫困高校毕业生的就业状况不尽如人意，也反映了往届贫困高校毕业生在严峻的社会生存发展压力下对更好工作和生活的需求、期望更加迫切。

表 5 – 25　往届贫困高校毕业生与非贫困高校毕业生对工作的满意度

项目	非常满意	比较满意	基本满意	不太满意	很不满意	合计
贫困高校毕业生（人）	56	137	220	154	38	605
非贫困高校毕业生（人）	66	191	192	52	11	512
贫困高校毕业生比例（%）	9	23	36	25	6	99
非贫困高校毕业生比例（%）	13	37	38	10	2	100

注：计算时因采用四舍五入取值，所以比例合计值出现不等于100%的情况。

（四）　贫困高校毕业生群体内部有关对照分析

1. 应届贫困高校毕业生群体内部就业倾向差异比对分析

（1）不同性别的应届贫困高校毕业生就业意愿比较

整理应届贫困高校毕业生就业意愿的数据，应届贫困高校毕业生共有273人，其中男性164人，女性109人。在164名男性贫困应届毕业生中有约65%的人想找工作，12%的人想去创业，17%的人想要考研，5%的人想要等一段时间。而在109名女性贫困高校应届毕业生中，这些比例分别为81%、5%、11%、2%（见表5–26）。可见，女生选择直接就业的比例明显高于男生，而男生想去创业和考研的比例明显高于女生。这说明当代高校毕业生追求经济独立的意愿很强烈。而男性受传统社会文化观念的影响，背负的家庭经济压力较大，更愿意挑战和尝试一些不确定的选择。

表 5 – 26　不同性别的应届贫困高校毕业生就业意愿

项目	找工作就业	创业	考研	等一段时间	其他	合计
男生（人）	106	19	28	8	3	164
女生（人）	88	5	12	2	2	109

续表

项目	找工作就业	创业	考研	等一段时间	其他	合计
男生比例（%）	65	12	17	5	2	101
女生比例（%）	81	5	11	2	2	101

注：计算时因采用四舍五入取值，所以比例合计值出现不等于100%的情况。

（2）不同性别的应届贫困高校毕业生期望薪酬比较

从表5-27和图5-10中可以看出，应届贫困高校毕业生中，男生对于期望薪酬的要求更高，期望薪酬在3000~4000元的人数最多（占比为48%）；女生对期望薪酬在2000~2500元的人数最多（占比为39%）；总体上看，女生选择在2500元以下收入区间的比例达到45%，高于男生这一比例（18%）27个百分点。而男生选择在3000元以上收入区间的比例达到59%，高于女生这一比例（29%）30个百分点。尤其是在4000元以上区间，男生选择此项的比例是女生比例的2.5倍还多。可见，男生因社会分工和角色定位的差异，对自己的薪酬期望相对较高，也在一定程度上反映了社会现实。

表5-27　不同性别的应届贫困高校毕业生期望薪酬

项目	1500~2000元	2000~2500元	2500~3000元	3000~4000元	4000元以上	合计
男生（人）	7	23	38	78	18	164
女生（人）	6	43	29	27	4	109
男生比例（%）	4	14	23	48	11	100
女生比例（%）	6	39	27	25	4	101

注：计算时因采用四舍五入取值，所以比例合计值出现不等于100%的情况。

（3）不同性别的应届贫困高校毕业生期望就业单位比较

就调查数据分析结果看，应届贫困高校毕业生中，男女生对就业单位的期望差异较大。在164名男生贫困高校毕业生中，期望就业单位较为分散，希望去国有企业工作的最多，占比达到31%，相应超过女生9个百分点；女生期望就业单位较为集中，希望去事业单位工作的最多，占比达到49%，相应超过男生29个百分点；其他选择差别较大的还有，男生希望去外资或中外合资企业上班的合计比例达到23%，相应超过女生10个

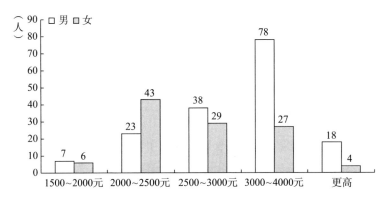

图 5 - 10　不同性别的应届贫困高校毕业生期望薪酬

百分点。男生还有 16% 的人愿意去私营企业工作，而只有 7% 的女生选择此项，二者相差了 9 个百分点（见表 5 - 28）。由此可见，女生在就业选择上更倾向于稳定，而男生可能对薪酬相对较高的单位更为期待。

表 5 - 28　不同性别的应届贫困高校毕业生期望就业单位

项目	政府机关	事业单位	国有企业	外资企业	中外合资企业	私营企业	其他	合计
男生（人）	14	33	51	25	13	26	2	164
女生（人）	9	53	24	9	5	8	1	109
男生比例（%）	9	20	31	15	8	16	1	100
女生比例（%）	8	49	22	8	5	7	1	100

（4）不同专业的应届贫困高校毕业生就业意愿比较

在 273 名应届贫困高校毕业生中，有 180 人是理工科的，93 人是文管科的。其中，文管科毕业生找工作就业的比例为 75%，理工科的这一比例为 69%，二者相差了 6 个百分点；理工科毕业生想创业、考研的比例分别为 9%、16%，高于文管科毕业生的 8%、11%（见表 5 - 29）。

表 5 - 29　不同专业的应届贫困高校毕业生就业意愿

项目	找工作就业	创业	考研	等一段时间	其他	合计
理工科（人）	124	17	29	7	3	180

续表

项目	找工作就业	创业	考研	等一段时间	其他	合计
文管科（人）	70	7	10	3	3	93
理工科比例（%）	69	9	16	4	2	100
文管科比例（%）	75	8	11	3	3	100

（5）不同专业的应届贫困高校毕业生期望薪酬比较

180名理工科应届贫困高校毕业生中，期望薪酬在3000～4000元的居多，占理工科总人数的48%，而文管科应届贫困高校毕业生的这一比例为19%，二者相差29个百分点；文管科应届贫困高校毕业生中期望薪酬在2000～2500元区间的有36人，占文管科应届贫困高校毕业生总数的39%，相应比理工科高出22个百分点（见表5－30）。总体来看，应届贫困高校毕业生中，理工科比文管科对薪酬的期望相对更高。

表5－30　不同专业的应届贫困高校毕业生期望薪酬

项目	1500～2000元	2000～2500元	2500～3000元	3000～4000元	4000元以上	合计
理工科（人）	11	30	37	87	15	180
文管科（人）	2	36	30	18	7	93
理工科比例（%）	6	17	21	48	8	100
文管科比例（%）	2	39	32	19	8	100

2. 往届贫困高校毕业生群体内部就业实际差异比对分析

（1）不同性别的往届贫困高校毕业生就业状态比较

对898名已毕业的往届贫困高校毕业生进行调查的结果显示，538名男生中，有64%的人目前正在工作，继续考研或在读研究生的各占11%，9%的人创业，2%的人待业；360名女生中，选项为工作中、继续考研、在读研究生、创业、待业的相应比例分别是73%、8%、10%、6%、1%（见表5－31）。可见，往届贫困高校毕业生中，女生参加工作的比例要高于男生，而男生继续考研、在读研究生和创业的比例均高于女生。

表 5 – 31　不同性别的往届贫困高校毕业生就业状态

项目	工作中	继续考研	在读研究生	创业	待业	其他	合计
男生（人）	343	58	60	46	10	21	538
女生（人）	262	29	35	22	4	8	360
男生比例（%）	64	11	11	9	2	4	101
女生比例（%）	73	8	10	6	1	2	100

注：计算时因采用四舍五入取值，所以比例合计值出现不等于 100% 的情况。

（2）不同性别的往届贫困高校毕业生薪酬比较

数据统计分析结果显示，不同性别的往届贫困高校毕业生薪酬在 2000 ~ 2500 元、3000 ~ 4000 元两个收入区间的占比差异较大。如男生往届贫困高校毕业生薪酬在 2000 ~ 2500 元区间的占比为 32%，低于女生 14 个百分点；在 3000 ~ 4000 元区间，相应比例高于女生 12 个百分点（见表 5 – 32）。整体上看，男生往届贫困高校毕业生薪酬水平相对要高于女生。

表 5 – 32　不同性别的往届贫困高校毕业生薪酬

项目	1500 ~ 2000 元	2000 ~ 2500 元	2500 ~ 3000 元	3000 ~ 4000 元	4000 元以上	合计
男生（人）	63	110	104	64	2	343
女生（人）	52	120	71	19	—	262
男生比例（%）	18	32	30	19	1	100
女生比例（%）	20	46	27	7	—	100

（3）不同性别的往届贫困高校毕业生就业单位比较

对 605 名处于工作状态的往届贫困高校毕业生进行就业单位调查的结果显示，不同性别在实际的就业单位流向上有一定的差异。具体来看，男生中在私营企业上班的人数最多（196 人），占比达到 57%，这一比例相应比女生高了 8 个百分点；男生在国有企业、外资企业上班的比例也均高于女生，而女生在政府机关、事业单位上班的比例合计达到 22%，相应高出男生 13 个百分点（见表 5 – 33）。可见，女生在选择单位的时候还是倾向于到工作稳定、压力较小的体制性单位工作，而男生则倾向于到工资福利待遇好、工作具有挑战性的私营企业或外资企业上班。

表 5 – 33　不同性别的往届贫困高校毕业生就业单位

项目	政府机关	事业单位	国有企业	外资企业	中外合资企业	私营企业	其他	合计
男生（人）	15	16	52	34	26	196	4	343
女生（人）	21	37	27	20	23	129	5	262
男生比例（%）	4	5	15	10	8	57	1	100
女生比例（%）	8	14	10	8	9	49	2	100

（4）不同专业的往届贫困高校毕业生就业状态比较

在 898 名往届贫困高校毕业生中，理工科有 596 人，文管科有 302 人，理工科人数较多。分专业来看，理工科就业和创业的人员占比要相应高于文管科，文管科在读研究生和继续考研的人员占比相应略高于理工科，整体上专业差别不是很大（见表 5 – 34）。

表 5 – 34　不同专业的往届贫困高校毕业生就业状态

项目	就业	读研	继续考研	创业	待业	其他	合计
理工科（人）	406	59	56	52	5	18	596
文管科（人）	199	36	31	16	9	11	302
理工科比例（%）	68	10	9	9	1	3	100
文管科比例（%）	66	12	10	5	3	4	100

（5）不同专业的往届贫困高校毕业生薪酬比较

对 605 名处于工作状态的往届贫困高校毕业生薪酬情况进行调查分析，可以看到，往届贫困高校毕业生的薪酬水平主要分布在 2000～3000 元区间。具体分专业来看，理工科薪酬水平在 2500～4000 元区间的人数比例为 47%，超过文管科相应比例 12 个百分点；文管科薪酬水平在 1500～2500 元区间的人数比例为 66%，超过理工科相应比例 13 个百分点；而 4000 元以上收入区间，因人数太少没有实际比对意义（见表 5 – 35）。可见，总体上来说，理工科往届贫困毕业生薪酬水平相对较高，这与社会现实基本一致，也在一定程度上解释了"重理轻文"社会现象盛行的原因。

表 5 - 35　不同专业的往届贫困高校毕业生薪酬

项目	1500 ~ 2000 元	2000 ~ 2500 元	2500 ~ 3000 元	3000 ~ 4000 元	4000 元 以上	合计
理工科（人）	70	145	125	64	2	406
文管科（人）	45	85	50	19	—	199
理工科比例（%）	17	36	31	16	—	100
文管科比例（%）	23	43	25	10	—	101

注：计算时因采用四舍五入取值，所以比例合计值出现不等于 100% 的情况。

六　河南贫困高校毕业生就业影响因素比较分析

（一）　就业影响因素设定与分析说明

影响贫困高校毕业生就业的因素很多，通过查阅文献、面谈、走访及专家咨询的方法，从影响贫困高校毕业生就业的个人因素、家庭因素、高校因素及社会因素四个类别中选取涉及学生个人技能、择业态度、择业期望、心理因素、家庭观念、社会关系、专业设置、学校实力、就业指导、就业市场及就业政策等 20 个问题进行问卷调查。每个题项都采用李克特五点尺度进行测量（5 分表示非常符合，4 分表示比较符合，3 分表示符合，2 分表示不太符合，1 分表示非常不符合）。

1. 数据信度分析

在对样本信度的检测中，Cronbach's α 值大于 0.8 的包含两个变量，其余变量的 Cronbach's α 值均在 0.7 以上（见表 5 - 36），符合 Wortzel（1979）研究提出的，当 Cronbach's α 值高于 0.7 时，表示该问卷内容具有相当高的内部一致性，符合高信度标准。

表 5 - 36　高校毕业生就业影响因素信度分析结果

研究变量	Cronbach's α 值
个人因素	0.794
家庭因素	0.904

续表

研究变量	Cronbach's α 值
高校因素	0.711
社会因素	0.861

2. 数据效度分析

（1）内容效度

本研究所使用的问卷是参考了众多国内外学者对于相关内容的理论与实证研究，尤其是问卷中各量表的题目设计，都是参照过去学者已经发展成熟的量表与指标。而且问卷题项采用李克特五点尺度进行测量，使被调查者直接针对答案进行选择，缩短答题的思考时间，以减少填答者的负担并增加答案可靠性。问卷经过调整与修改，并有学术界与企业界的多位专家提供意见，以增加内容效度。因此本研究问卷具有相当的内容效度。

（2）结构效度

本书的研究中，采用众多学者认为最理想的评价方法即因子分析法。在做因子分析之前，需要首先检测数据是否适合做因子分析，常用的是 KMO 检验，KMO 值越接近 1，越适合做因子分析；KMO 值过小，则不适合做因子分析。在前文介绍统计方法的时候，通过列表中的建议值，可以得出，KMO 值至少应在 0.5 以上，才可以做因子分析。

运用 SPSS16.0 对影响贫困高校毕业生就业的 20 个因子进行数据分析，结果表明 KMO 值为 0.774，适合进行因子分析。而且 Bartlett's 球形检验的 Approx. Chi-Square 值 = 318.23，自由度为 190（见表 5 - 37），检测结果显著，适合进行因子分析。

表 5 - 37　Bartlett's 球形检验和 KMO 检验

KMO and Bartlett's Test	
Kaiser-Meyer-Olkin Measure of Sampling Adequacy	0.774
Bartlett's Test of Sphericity Approx. Chi-Square	318.23
df	190
Sig.	0.000

3. 因子分析

本研究采用主成分法（Principal Components Method），然后用方差极大化正交旋转方法（Varimax Method）进行因子轴旋转，得出因子载荷矩阵。根据各因子中所包含变量的共性，对 20 个影响贫困高校毕业生就业的因素进行因子分析，来验证其归属于哪几个因子。将因子分析的结果整理如表 5-38 所示：

表 5-38 影响因素的方差极大化正交旋转后的因子载荷矩阵

影响因素	因 子			
	1	2	3	4
1		0.878		
2		0.838		
3		0.782		
4		0.768		
5		0.550		
6		0.759		
7		0.758		
8		0.737		
9				0.835
10				0.815
11				0.779
12				0.721
13			0.956	
14			0.872	
15			0.759	
16			0.702	
17	0.928			
18	0.835			
19	0.779			
20	0.708			

从因子分析结果中可以看出，这20个影响因素可以分为四大类：个人因素（1、2、3、4、5、6、7、8），家庭因素（9、10、11、12），高校因素（13、14、15、16），社会因素（17、18、19、20）。具体情况如图5-11所示：

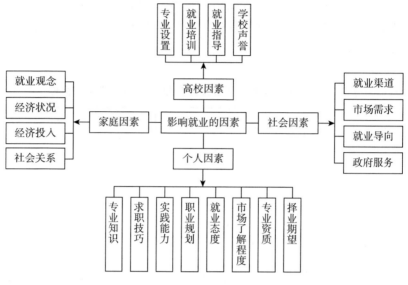

图 5 - 11　影响高校毕业生就业的体系结构

（二）　贫困高校毕业生和非贫困高校毕业生的就业影响因素比较分析

本部分对贫困高校毕业生和非贫困高校毕业生的就业影响因素进行两个独立样本的 T 检验，看看在哪些因素上存在显著性差异，以及影响贫困高校毕业生就业的因素有哪些独特性。将这四类因素分别进行独立样本 T 检验，采用因子分析的方法算出每一类因素的因子得分值，再进行显著性检验。

1. 个人因素对贫困高校毕业生与非贫困高校毕业生就业的影响

（1）考察个人因素的 8 个变量是否适合进行因子分析

运用 SPSS 软件进行 Bartlett's 球形检验和 KMO 检验，结果如表 5 - 39 所示，从表中可以看出 KMO = 0.712，Bartlett's 球形检验值 = 656.052，适合进行因子分析。

表 5 – 39　个人因素的 **Bartlett's** 球形检验和 **KMO** 检验

KMO and Bartlett's Test	
Kaiser-Meyer-Olkin Measure of Sampling Adequacy	0. 712
Bartlett's Test of Sphericity Approx. Chi-Square	656. 052
df	28
Sig.	0. 000

（2）提取公因子

对影响个人因素的 8 个变量提取公因子，并选取特征根值大于 1 的特征根。提取 3 个因子作为公因子，其累积方差贡献率为 83.634%，这 3 个特征根值可以解释将近 85% 的数据，总体上来说，对于这 8 个变量的信息丢失较少，分析效果较为理想（见表 5 – 40）。

表 5 – 40　旋转后的因子载荷矩阵

Rotated Component Matrixa			
	Component		
	1	2	3
VAR00001	0. 652	0. 111	− 0. 352
VAR00002	0. 670	0. 172	0. 117
VAR00003	0. 744	0. 045	0. 101
VAR00004	0. 635	− 0. 115	0. 392
VAR00005	− 0. 013	− 0. 015	0. 810
VAR00006	0. 297	0. 297	0. 499
VAR00007	− 0. 070	0. 814	0. 042
VAR00008	0. 201	0. 691	0. 026

Extraction Method：Principal Component Analysis.

Rotation Method：Varimax with Kaiser Normalization.

a. Rotation converged in 5 iterations.

（3）计算因子得分

采用回归法估计因子得分系数，并输出因子得分系数，具体结果如表 5 –41 所示：

表 5 - 41　因子得分系数矩阵

Component Score Coefficient Matrix

	Component		
	1	2	3
VAR00001	0.390	0.029	- 0.395
VAR00002	0.332	0.051	0.006
VAR00003	0.390	- 0.061	- 0.011
VAR00004	0.313	- 0.194	0.264
VAR00005	- 0.110	- 0.055	0.705
VAR00006	0.062	0.178	0.378
VAR00007	- 0.144	0.669	0.001
VAR00008	0.022	0.536	- 0.042

Extraction Method：Principal Component Analysis.

Rotation Method：Varimax with Kaiser Normalization.

Component Scores.

根据因子得分系数矩阵，写出因子得分函数：

$$F_1 = 0.39x_1 + 0.332x_2 + 0.39x_3 + 0.313x_4 - 0.11x_5 + 0.062x_6 - 0.144x_7 + 0.022x_8$$

$$F_2 = 0.029x_1 + 0.051x_2 - 0.061x_3 - 0.194x_4 - 0.055x_5 + 0.178x_6 + 0.669x_7 + 0.536x_8$$

$$F_3 = - 0.395x_1 + 0.006x_2 - 0.011x_3 + 0.264x_4 + 0.705x_5 + 0.378x_6 + 0.001x_7 - 0.042x_8$$

根据因子得分函数计算出每一个样本在这三个公因子上的分值，再以这三个公因子的方差贡献率为权数，写出因子得分计算公式：

$$F = 0.53168F_1 - 0.17364F_2 - 0.13102F_3$$

影响贫困高校毕业生和非贫困高校毕业生就业的个人因素的基本描述统计见表 5 - 42。计算每个样本在个人因素上的因子得分，并进行贫困高校毕业生与非贫困高校毕业生的两个独立样本的 T 检验。检验结果如表 5 - 43 所示：

表 5 – 42　影响贫困高校毕业生和非贫困高校毕业生就业的
个人因素的基本描述统计

Group Statistics					
	经济状况	N	Mean	Std. Deviation	Std. Error Mean
个人因素	1	892	3.0757	0.56158	0.01880
	2	258	2.7752	0.55668	0.03466

表 5 – 43　影响贫困高校毕业生和非贫困高校毕业生就业的
个人因素两个独立样本的 T 检验结果

Independent Samples Test										
		Levene's Test for Equality of Variances		t-test for Equality of Means						
		F	Sig.	t	df	Sig. (2-tailed)	Mean Difference	Std. Error Difference	95% Confidence Interval of the Difference	
									Lower	Upper
个人因素	Equal variances assumed	0.747	0.038	2.535	1148	0.001	0.10043	0.03962	0.02269	0.17817
	Equal variances not assumed			2.547	420.067	0.011	0.10043	0.03943	0.02292	0.17793

从表 5 – 43 中的两个独立样本的 T 检验结果中可以看出，t 值为 2.535，显著性水平为 0.001，故认为影响贫困高校毕业生和非贫困高校毕业生就业的个人因素是存在显著差异的。在本次调查中，将影响贫困生就业的个人因素归结为 8 个二级指标，包括专业知识、求职技巧、实践能力、职业规划、就业态度、市场了解程度、专业资质、择业期望。贫困高校毕业生受早年教育条件、经济条件的限制，其视野、自我推销能力、社会交往范围、形象气质、个人才艺等方面略显逊色。还有一些农村高校毕业生内向敏感，不善于交际和表达，因无法与用人单位进行良好的沟通而错失良机。

2. 家庭因素对贫困高校毕业生与非贫困高校毕业生就业的影响

同理，对家庭因素对于贫困高校毕业生和非贫困高校毕业生就业影响的显著性检验也采取与个人因素相同的处理方法。影响贫困高校毕业生和非贫困高校毕业生就业的家庭因素的基本描述统计见表 5 - 44。由于篇幅问题，本部分只显示 T 检验的结果（见表 5 - 45）。

表 5 - 44　影响贫困高校毕业生和非贫困高校毕业生就业的
家庭因素的基本描述统计

Group Statistics					
	经济状况	N	Mean	Std. Deviation	Std. Error Mean
家庭因素	1	892	3.0959	0.77842	0.02606
	2	258	2.7326	0.86191	0.05366

表 5 - 45　影响贫困高校毕业生和非贫困高校毕业生就业的
家庭因素两个独立样本的 T 检验结果

Independent Samples Test										
		Levene's Test for Equality of Variances		t-test for Equality of Means						
		F	Sig.	t	df	Sig. (2-tailed)	Mean Difference	Std. Error Difference	95% Confidence Interval of the Difference	
									Lower	Upper
家庭因素	Equal variances assumed	4.429	0.036	6.441	1148	0.000	0.36329	0.05640	0.25263	0.47395
	Equal variances not assumed			6.090	386.363	0.000	0.36329	0.05965	0.24601	0.48058

从表 5 - 45 两个独立样本的 T 检验结果中可以看出，t 值为 6.441，显著性水平为 0.000，故认为影响贫困高校毕业生和非贫困高校毕业生就业的家庭因素是存在显著差异的。

本次调查将影响高校毕业生就业的家庭因素归结为 4 个二级指标，分别是就业观念、经济状况、经济投入、社会关系。在当代高校毕业生就业过程中发挥重要作用的不仅仅有自身的能力和素质，家庭社会资本也起到了极其重要的作用，甚至很多人形容高校毕业生就业时会说"孩子们找工作就业是家庭与家庭的较量"。

3. 高校因素对贫困高校毕业生与非贫困高校毕业生就业的影响

同理，对高校因素对于贫困高校毕业生与非贫困高校毕业生就业影响的显著性检验也采取与个人因素相同的处理方法。影响贫困高校毕业生和非贫困高校毕业生就业的高校因素的基本描述统计见表 5-46。由于篇幅问题，本部分只显示 T 检验的结果（见表 5-47）。

表 5-46　影响贫困高校毕业生和非贫困高校毕业生就业的
高校因素的基本描述统计

	Group Statistics				
	经济状况	N	Mean	Std. Deviation	Std. Error Mean
高校因素	1	892	2.9318	0.68007	0.02277
	2	258	2.8663	0.65789	0.04096

表 5-47　影响贫困高校毕业生和非贫困高校毕业生就业的
高校因素两个独立样本的 T 检验结果

		Independent Samples Test								
		Levene's Test for Equality of Variances		t-test for Equality of Means						
		F	Sig.	t	df	Sig. (2-tailed)	Mean Difference	Std. Error Difference	95% Confidence Interval of the Difference	
									Lower	Upper
高校因素	Equal variances assumed	0.519	0.471	1.373	1148	0.017	0.06552	0.04773	-0.02812	0.15917
	Equal variances not assumed			1.398	428.605	0.163	0.06552	0.04686	-0.02659	0.15763

从两个独立样本的 T 检验结果中可以看出，t 值为 1.373，显著性水平为 0.017，故认为影响贫困高校毕业生和非贫困高校毕业生就业的高校因素是存在显著差异的。本次调查将影响高校毕业生就业的高校因素归结为 4 个二级指标，分别是专业设置、就业培训、就业指导、学校声誉。改革开放以来，我国高等教育事业获得长足发展，改革取得令人瞩目的成绩，初步

形成了适应国民经济建设和社会发展需要的多种层次、多种形式、学科门类基本齐全的社会主义高等教育体系，为社会主义现代化建设培养了大批高级专门人才，在国家经济建设、科技进步和社会发展中发挥了重要作用。高校是影响高校毕业生就业非常重要的因素。高校是一个很好的平台，在这个平台中，贫困高校毕业生与非贫困高校毕业生获取信息的机会是有差异的，或者说贫困高校毕业生与非贫困高校毕业生在大学里获取的资源是有差异的。差异在哪里，是要继续深入研究的。

4. 社会因素对贫困高校毕业生与非贫困高校毕业生就业的影响

同理，对社会因素对于贫困高校毕业生和非贫困高校毕业生就业影响的显著性检验也采取与个人因素相同的处理方法。影响贫困高校毕业生和非贫困高校毕业生就业的社会因素的基本描述统计见表 5 - 48。由于篇幅问题，本部分只显示 T 检验的结果（见表 5 - 49）。

表 5 - 48　影响贫困高校毕业生和非贫困高校毕业生就业的
社会因素的基本描述统计

Group Statistics					
	经济状况	N	Mean	Std. Deviation	Std. Error Mean
社会因素	1	892	3.0620	0.72173	0.02417
	2	258	2.8608	0.67870	0.04225

表 5 - 49　影响贫困高校毕业生和非贫困高校毕业生就业的
社会因素两个独立样本的 T 检验结果

Independent Samples Test										
		Levene's Test for Equality of Variances		t-test for Equality of Means						
									95% Confidence Interval of the Difference	
		F	Sig.	t	df	Sig. (2-tailed)	Mean Difference	Std. Error Difference	Lower	Upper
社会因素	Equal variances assumed	1.388	0.039	0.024	1148	0.008	0.00123	0.05035	-0.09757	0.10002
	Equal variances not assumed			0.025	439.065	0.980	0.00123	0.04868	-0.09444	0.09689

从两个独立样本的 T 检验结果中可以看出，t 值为 0.024，显著性水平为 0.008，故认为影响贫困高校毕业生和非贫困高校毕业生就业的社会因素是存在显著差异的。本次调查将影响高校毕业生就业的社会因素归结为 4 个二级指标，分别包括就业渠道、市场需求、就业导向、政府服务。对于贫困高校毕业生而言，社会因素对他们就业择业也有很大的影响。教育资源分配的不均衡、就业市场的不公平现象、高等教育扩招等因素使高校毕业生就业形势日益严峻。教育投资回报率不断下降使社会上出现"读书无用论"，甚至出现"只敬罗衣不敬人"的局面。在某些方面，贫困高校毕业生甚至会受到歧视。

5. 贫困高校毕业生与非贫困高校毕业生就业影响因素的整体分析和评价

本部分对贫困高校毕业生和非贫困高校毕业生的就业影响因素进行两个独立样本的 T 检验，采用因子分析的方法算出每一类因素的因子得分值，再进行显著性检验。检验结果显示：家庭因素、高校因素、个人因素、社会因素在影响贫困高校毕业生与非贫困高校毕业生就业方面是有显著差异的，在影响贫困高校毕业生就业的因素中，家庭因素是排在第一位的，个人因素排在第二位，社会因素排在第三位，高校因素排在第四位。

对影响贫困高校毕业生就业的因素进行因子分析，在影响贫困高校毕业生就业的四大类因素中，关键影响因子是：个人因素中的求职技巧、职业规划和择业期望；家庭因素中的经济投入、经济状况、社会关系；高校因素中的专业设置、就业培训、学校声誉；社会因素中的市场需求、政府服务，这些是影响贫困高校毕业生就业的关键因素。

（1）影响因素整体分析结果总结

将贫困高校毕业生和非贫困高校毕业生的调查数据进行两个独立样本的 T 检验，将检验结果整理如表 5 - 50 所示：

表 5 - 50　贫困高校毕业生与非贫困高校毕业生在四个影响
就业的因子上的检验结果

	T 检验结果	个人因素	家庭因素	高校因素	社会因素
经济状态	t 值	2.235	6.441	1.373	0.024
	p 值	0.001	0.000	0.017	0.008

从表5-50中可以看出，影响贫困高校毕业生与非贫困高校毕业生就业的四大类因素是有显著差异的。因此，在制定高校毕业生就业促进对策时，要考虑到贫困高校毕业生的特有属性，以使相关措施制定得更有针对性，真正起到促进高校毕业生就业的目的。

（2）贫困高校毕业生就业影响因素因子分析总结

对贫困高校毕业生就业影响因素进行因子分析，运用 SPSS 软件检验其是否符合因子分析的条件。KMO 值 =0.825，非常适合做因子分析。根据因子分析的结果，抽取四个特征根值大于1的因素，其贡献率分别为33.215%、20.179%、15.230%、8.714%，累积方差贡献率为77.338%。从表5-51中可以看出，在影响贫困高校毕业生就业的因素中，家庭因素是排在第一位的，个人因素排在第二位，社会因素排在第三位，高校因素排在第四位。

表5-51 贫困高校毕业生就业影响因素因子分析结果

因 子	提取载荷的平方和		
	特征根值	贡献率（%）	累积方差贡献率（%）
因子一：家庭因素	10.113	33.215	33.215
因子二：个人因素	6.976	20.179	53.394
因子三：社会因素	1.727	15.230	68.624
因子四：高校因素	1.491	8.714	77.338

（3）影响贫困高校毕业生就业的关键因素分析总结

影响贫困高校毕业生就业的四大类因素中，每一大类影响因素中哪些是影响就业的关键因子，找出关键影响因子，比如学校应该着重从哪入手，政府应该着重从哪入手，这样可以在制定就业促进对策时更有针对性，事半功倍。李克特五级量表的分值从1分到5分，1分表示很不符合，5分表示很符合。所有题项的中间分值为3分，高于3分表示研究对象认为该指标对就业的影响较大，低于3分表示研究对象认为该指标对就业的影响较小。分别对四大类影响就业因素的各题目进行独立样本 T 检验。

①个人因素各题目的均值差异显著性检验。对影响贫困高校毕业生与

非贫困高校毕业生就业的个人因素的 8 个题项，分别进行两个独立样本的 T 检验，并将检验结果整理如表 5 - 52 所示：

表 5 - 52　贫困高校毕业生与非贫困高校毕业生在
个人因素上的均值显著性检验

项目	1	2	3	4	5	6	7	8
贫困高校毕业生均分	2.8810	3.1626	3.0912	3.2843	3.1674	3.0933	2.7001	3.2278
非贫困高校毕业生均分	2.7752	2.9612	2.9279	2.7992	3.0891	3.0508	2.7656	3.0465
t 值	1.321	2.884	1.963	2.076	0.086	0.585	-0.840	2.225
p 值	0.187	0.004	0.136	0.038	0.388	0.559	0.401	0.026

从表 5 - 52 的检验结果中，可以看出在 2、4、8 这三个选项上，对应的双尾概率 p 值均小于 0.05，故认为贫困高校毕业生与非贫困高校毕业生的差异比较显著，也就是求职技巧、职业规划和择业期望方面存在显著差异。依据数据分析的结果，影响贫困生就业的个人因素有三个，分别是求职技巧、职业规划和择业期望。要得到一份称心如意的工作绝非易事，尤其在现在这样一个劳动力供大于求的市场状态下。因此，求职是非常讲究技巧的，包括面试技巧、简历投递技巧、薪水问题技巧等。除此之外，职业规划也逐渐显示其重要地位。

②家庭因素各题目的均值差异显著性检验。对影响贫困高校毕业生与非贫困高校毕业生就业的家庭因素的 4 个题项，分别进行两个独立样本的 T 检验，并将检验结果整理如表 5 - 53 所示：

表 5 - 53　贫困高校毕业生与非贫困高校毕业生在
家庭因素上的均值显著性检验

项目	9	10	11	12
贫困高校毕业生均分	3.0224	3.1642	3.5022	2.7890
非贫困高校毕业生均分	2.5969	2.6318	3.2326	2.4690
t 值	4.896	5.021	3.450	3.906
p 值	0.000	0.000	0.001	0.000

在 9、10、11、12 这四个选项上，对应的双尾概率 p 值均小于 0.05，故

认为贫困高校毕业生与非贫困高校毕业生的差异比较显著，也就是家庭经济投入、家庭经济状况、社会关系、就业观念这四个方面均存在显著性差异。

③高校因素各题目的均值差异显著性检验。对影响贫困高校毕业生与非贫困高校毕业生就业的高校因素的4个题项，分别进行两个独立样本的T检验，并将检验结果整理如表5-54所示：

表5-54 贫困高校毕业生与非贫困高校毕业生在
高校因素上的均值显著性检验

项目	13	14	15	16
贫困高校毕业生均分	2.5543	3.1135	3.0224	3.0147
非贫困高校毕业生均分	2.5465	2.8645	2.7349	2.9766
t 值	0.098	2.842	-0.162	0.475
p 值	0.922	0.005	0.018	0.035

在14、15、16这三个选项上，对应的双尾概率p值均小于0.05，故认为贫困高校毕业生与非贫困高校毕业生的差异比较显著，也就是学校在就业培训、就业指导以及学校声誉三个方面均存在显著性差异。

目前来看，整体上，高校对贫困生并没有进行专项的有针对性的就业培训和就业指导。很多贫困高校毕业生因自身成长环境和阅历的原因，与非贫困高校毕业生相比，在个人综合素质和就业能力方面存在较大差异，对高校开展相关方面的就业指导培训更为需要。此外，高校贫困生来自农村特别是边远地区农村家庭的特别多，从义务教育阶段所接受的教育水平就存在很大的差异。因此，高校贫困生在竞争升学阶段，相应的劣势就非常明显，进入知名高级中学的群体比例非常小，进入声誉度高的知名高等院校难度非常大。在现实"唯学历、唯名校"论的就业市场上，贫困高校毕业生会受到相应的限制。

④社会因素各题目的均值差异显著性检验。对影响贫困高校毕业生与非贫困高校毕业生就业的社会因素的4个题项，分别进行两个独立样本的T检验，并将检验结果整理如表5-55所示：

表 5 – 55　贫困高校毕业生与非贫困高校毕业生在
社会因素上的均值显著性检验

项目	17	18	19	20
贫困高校毕业生均分	2.8578	3.2232	2.8796	2.8948
非贫困高校毕业生均分	2.9574	2.9920	3.0039	3.0736
t 值	– 1.410	– 2.086	– 1.476	– 2.242
P 值	0.159	0.037	0.140	0.025

在 18、20 这两个选项上，对应的双尾概率 p 值均小于 0.05，故认为贫困高校毕业生和非贫困高校毕业生的差异比较显著，也就是在市场需求、政府服务等方面的看法上存在显著性差异。河南省就业市场总量矛盾、结构性矛盾长期并存，在某种程度上与就业市场发展现状有关。这也从另外一个侧面反映了政府公共服务有效性需要提升。

（三）　贫困高校毕业生就业影响因素作用机制分析

通过以上数据分析显示，对贫困高校毕业生就业影响最大的是家庭因素，其次是个人因素，再次是社会因素，最后是高校因素。影响贫困高校毕业生与非贫困高校毕业生就业的因素是有显著差异的，尤其是在家庭、个人和社会三个方面。同时，从学生对单个问题进行选择的结果看，贫困高校毕业生自身由于缺乏求职技巧、缺乏清晰的职业生涯规划及择业期望过高导致出现就业难情况比较多。而贫困高校毕业生的家庭出身成为他们就业最大的障碍，从早期的家庭经济困难导致就业投入不够，到高校毕业生在就业选择时还要考虑很多因素，如薪酬、就业区域等；缺乏社会关系，而导致就业渠道单一，家庭的就业观念陈旧也导致贫困高校毕业生在求职时瞻前顾后。对学校而言，就业培训较少，对高校毕业生就业指导力度不够及学校知名度低也使河南省内的高校毕业生在全国劳动力市场上缺乏竞争力。再加上市场对人才的需求不足，政府公共就业服务缺乏有效性。这些因素的综合作用严重制约了贫困高校毕业生的顺利就业。

1. 家庭因素对贫困高校毕业生就业影响作用机制分析

（1）家庭经济状况影响就业投入

贫困高校毕业生因为家庭各方面的原因，所接受的各种教育水平原本就相对较低。在目前就业竞争激烈的情况下，不断攀升的求职成本又成为贫困高校毕业生就业的一大障碍。学生求职时，简历的制作、服装、求职面试的交通、食宿，甚至还有求职面试培训班，每一个环节都需要出钱。这使很多贫困高校毕业生不堪重负，面临一个两难的境地：不投入，与其他同学相比没有竞争力；投入，又实在没有这样的经济条件。对于富裕的家庭来说，求职面试的费用可能不算什么，但这大大超出了贫困家庭的经济承受能力。几经权衡，很多学生放弃了外地用人单位的面试机会，丢掉了寻找合适工作的机会。

（2）家庭经济状况影响就业选择

前期的调研结果显示，大部分的贫困高校毕业生来自农村或者是城镇低收入家庭。这些学生身上背负了太多的家庭期望。无论是家庭还是贫困高校毕业生自身都希望通过体面的工作来改变自己的命运，实现家庭经济状况的转变。因此，很多学生在选择的时候倾向于国企、政府机关、事业单位等比较稳定而社会声誉又较高的单位。很多贫困高校毕业生宁愿在城市里失业，也要在城市里谋求一份能让自己和家庭满意的工作。因此，贫困高校毕业生明显比非贫困高校毕业生的考研率和创业率要低。他们大多希望直接就业，摆脱农村，在城市立足。

（3）缺乏社会关系导致就业质量差

由于家庭经济状况较差，贫困高校毕业生往往社会关系匮乏，签约的单位整体状况较差，与专业的相关度也较低。在竞争非常激烈的就业形势下，高校毕业生整体上就业选择相对开放。高校毕业生个人综合实力强、所学专业符合需求，会更容易获得较好的岗位。但在现实的就业过程中，对大多数高校毕业生来说，个人及其家庭所拥有各种社会资源、社会关系的差异对就业结果的影响很大，而农村贫困高校毕业生往往缺乏这样的社会关系和资源，就业难度增大，获得较好岗位的就业机会相对较少。

（4）家庭就业观念落后影响就业区域的选择

贫困高校毕业生大部分来源于农村，农村家庭观念一般比较落后，家长总是希望自己的孩子依靠上大学来脱贫致富。很多家长希望自己的孩子大学毕业以后留在大城市，找一个稳定且薪酬水平高的工作并在城市安家。其中有一大半的人片面地认为回到农村、回到基层，或者找一个小企业是没有出息的表现，那读大学还有什么必要呢？还不如去学个一技之长混口饭吃。这样的想法限制了贫困高校毕业生的就业区域选择。尽管学校招聘会上也有很多就业机会，有的学生却连看也不看。包括国家推行的一系列就业扶持工作——大学生村官、高校毕业生下乡、西部计划，很多贫困高校毕业生也不考虑。很多家庭往往耗尽多年积蓄，希望孩子找到薪酬水平较高的工作，从而缓解家庭经济压力。这样的观念也严重阻碍了贫困高校毕业生顺利就业。

2. 社会因素对贫困高校毕业生就业影响作用机制分析

（1）经济环境变化导致市场对人才整体需求不足

劳动力市场受经济周期、政策的影响很大，因此，行业经济环境的周期性变化导致劳动力市场也呈现动荡局势。在经济发展整体不景气的状态下，劳动力市场需求萎缩，对人才的整体需求也将大大降低。

（2）政府公共服务不完善

政府公共服务不完善也是贫困高校毕业生就业率低的一大原因。在调查中，我们发现贫困高校毕业生对于政府促进就业的制度了解不够，满意程度较低。这说明政府在很多方面的公共服务还缺乏针对性，需要继续完善。其不完善之处主要体现在以下几个方面。一是就业促进功能不明显。为促进就业，政府确实制定了一系列政策，但大多数政策操作起来极其不便。就政府帮助高校毕业生创业来说，大学生创业需要多部门的配合，涉及户籍管理、工商登记、政府贴息、税收优惠和各类保险等。每一个环节实施起来，操作性不强。在大额贷款方面，贫困高校毕业生没有资产可以抵押，信誉值也不高，商业银行一般不会把钱借给贫困高校毕业生。诸如此类的问题，致使很多贫困高校毕业生徘徊在创业边缘，之后逐渐远离。二是就业促进政策不健全，缺乏统一规划。一方面，省内人才资源信息不全，致使政府部门对于就业信息的分析、预测和传递滞后，无法建立准确的需求预测和规划体系；另一方面，也缺少专门的经费促进贫困高校毕业生就业，就业机构的建设不足。很多就业支持政策都是以应急为主，没有建立公平的就业市场和相配套的制度。户籍制度、社会保障制度、档案管理制度也需要尽快改革，以保障毕业生的权益，促进贫困高校毕业生转变就业观念，灵活就业。

3. 个人因素对贫困高校毕业生就业影响作用机制分析

（1）贫困高校毕业生个人素质欠缺，缺乏求职技巧

实证调研结果显示，贫困高校毕业生大多来自农村或者是城市低保或下岗职工家庭，父母没有经济能力为孩子提供一流的教育，社会也没有给他们提供平等的教育机会。而非贫困高校毕业生基本上从小就接受良好的教育，参加各种各样的培训班、技能学习班，知识储备相对较好，综合素质相对较高。因此，从起跑线上，贫困高校毕业生和非贫困高校毕业生就已经有一定的差异。在现实的高校环境下，有的贫困学生在面对生活压力并与同龄人比对的情形下，会失去自信，导致其综合素质和技能进一步弱化。此外，进入高校后，相当部分贫困生课余时间都用来埋头苦读或者是找兼职工作赚钱以减轻家庭的经济负担。因此，在人际关系、组织协调、实践创新等方面缺少自我学习、主动参与、积极改进的机会，也会影响其综合能力的提升。

（2）贫困高校毕业生缺乏清晰的职业规划

当前多数高校毕业生职业生涯规划理念模糊，学校就业中心所提供的职业规划也不尽完善。许多大学开设了相关的课程或专题报告与讲座，但不少大学毕业生还没有真正理解职业生涯规划的确切含义，对职业生涯规划的重要意义认识不足，不了解职业生涯规划的程序，缺乏进行规划的具体技巧。所以不少高校毕业生对职业生涯规划或冷眼相对，或茫然无以适从，或使规划流于形式，或不顾主客观条件任意随自己的兴致来"规划"，这都导致职业生涯规划的应有作用不能得到充分发挥。

（3）贫困高校毕业生背负压力过大，致使择业期望值过高

在对贫困高校毕业生就业期望薪酬调查中，大部分学生希望自己毕业

以后可以获得较高的薪酬。也正是因为背负的家庭压力过大，所以贫困高校毕业生在择业时往往期望值过高；在就业区域的选择上，大多数贫困高校毕业生往往将目光定在地理位置优越的大中城市而非县城或者乡镇；对于岗位而言，多数选择相对功利化、短期性。这种择业取向也会制约贫困高校毕业生现实就业和未来发展。

4. 高校因素对贫困高校毕业生就业影响作用机制分析

（1）高校就业培训不足

高校想要顺利地把毕业生输向社会，必须对学生进行就业能力培训，加强就业服务。但很多高校并没有进行职业生涯规划和就业方向选择的培训，对学生的就业技能培训和辅导仅停留在表面，没有从根本上解决贫困高校毕业生就业的问题。所开设的课程也缺少对就业政策和就业形势的了解，致使很多贫困高校毕业生对职业发展感到迷茫，对未来缺乏清晰的认识和规划。学校的就业信息管理平台落后，不能为贫困高校毕业生提供全面的求职资讯，与用人单位联系不够紧密，让很多学生错失就业机会。

（2）高校就业指导力度不够

调查显示，大部分贫困高校毕业生对高校的就业指导不太满意。很多高校的就业指导力度不够或者缺乏针对性，尤其是对贫困高校毕业生这一弱势群体缺乏专门的指导和帮助，仅有对贫困高校毕业生的物质资助，且资助力度不大。贫困高校毕业生的顺利就业更需要高校加强对其择业能力的训练，缓解其求职过程中的焦虑、不自信。而高校在这些方面的就业指导力度不够，致使学生缺乏求职技巧、缺乏职业生涯规划、心理焦虑、就业选择极度迷茫，甚至走了弯路。

（3）学校声誉影响贫困高校毕业生就业

研究表明，高校声誉对高校毕业生就业有重要的影响作用。知名院校名气大，能够给高校毕业生就业带来非常有力的支持。而大部分贫困高校毕业生母校知名度不高、影响力一般。用人单位更倾向于选择重点大学或者名牌大学的毕业生，一些大型企业在招聘的时候甚至要求学生出示学生证，非名校的学生不能入内。这使部分贫困高校毕业生的就业难度更大。

七 国内外贫困高校毕业生就业促进政策借鉴

（一）国外贫困高校毕业生就业促进政策借鉴

高校毕业生特别是贫困高校毕业生的就业问题在发达国家也是存在的，但他们的高等教育起步较早，针对贫困高校毕业生的就业已采取了积极有效的对策。

在美国，高校毕业生属于公共就业服务体系的服务对象之一。美国公共就业服务开始于1933年，机构组成包括政府公共就业机构、民间非营利服务机构、政府与民间合作机构、社区就业服务机构等，服务对象包括高中生、高校毕业生、失业者及残疾人。针对高校毕业生的就业政策主要体现在就业激励政策方面，政府采取了很多激励措施，其中"目标工作税收信贷"政策就主要是针对贫困高校毕业生，向雇主提供税收减免刺激，目的是使贫困高校毕业生或年轻工人获得工作实习机会；"免除学生的贷款义务"也是一项激励措施，旨在鼓励贫困高校毕业生能到特定的地区就业或者选择从事特定的职业。政府贷款大致有两类：一类是直接贷款，获得贷款的贫困高校毕业生如果能连续5年在指定的小学或中学作为全职教师并且从事为低收入家庭学生进行教学服务的工作，可以享受贷款免除的政策；另一类贷款是联邦帕金斯贷款，高校毕业生符合以下条件之一者，可以免除100%的贷款，包括做全职教师为低收入家庭进行教学服务、做全职特殊教育教师、从事残疾人早期干预服务、做全职护士。另外，如果在高危地区服兵役可以减免50%的贷款。

英国高等职业服务比较发达，拥有完善的职业服务体系，就业中心遍布全国，对促进高校毕业生就业有重大的影响。就业中心为高校毕业生免费提供就业信息、一对一职业咨询、培训和实习机会，帮助高校毕业生分析及克服就业障碍、进行职业成长管理等，形成一套较为完备的理论实践体系。在英国，职业服务不仅为在校学生和应届毕业生提供服务，还为毕业4年之内的毕业生服务，为未能就业的贫困高校毕业生提供服务保障。

日本是一个非常重视教育的国家，高等教育体系也是非常发达的。二战后日本的高等教育迅速实现了"大众化"和"普及化"，随着近些年日本经济发展速度的趋缓，日本大学毕业生就业问题日益严峻。日本一直实行高校毕业生自由就业制度，政府和高校并不直接负责安排高校毕业生就业，但政府建立了一套富有特色的高校毕业生就业促进政策体系。日本通过《日本国宪法》、《劳动基准法》、《职业安定法》、《雇佣对策法》、《最低工资法》和《男女雇佣机会均等法》等形成一套完整的劳动就业法律保障体系；日本文部科学省经过一系列的高等教育改革政策，提高教育教学质量，提升高校毕业生就业竞争力；厚生劳动省积极制定相关配套政策和行政法规，为毕业生顺利就业创造了良好环境。此外，日本在推动高校毕业生就业促进政策有效执行方面也具有特色。一是建立了全方位就业援助体系和就业服务系统，同时指定明确的政策执行机构及其职责；二是建立了完备的政策执行信息服务网络，为毕业生提供无偿的就业信息服务、就业咨询与配置服务；三是对就业困难、不稳定的高校毕业生则提供个性化的就业服务，包括职业咨询、就业信息提供、就业指导及劳动者需求开发等方面，以帮助其就业；四是开展公共职业培训，促进高校毕业生就业。

（二）国内贫困高校毕业生就业促进政策梳理和借鉴

1. 国家层面政策

我国政府历来重视高校毕业生就业问题，曾出台多项政策措施来促进高校毕业生就业。对于贫困高校毕业生就业方面的政策大部分是从 2000 年后制定的，2003 年教育部通过《关于切实做好资助高校经济困难学生工作的紧急通知》（教电〔2003〕298 号），明确要求要进一步深化勤工助学工作，做好奖学金、特殊困难补助和学费减免等各项工作，适当提高勤工助学补助标准，加大对特殊困难学生的补助力度。2007 年通过的《教育部财政部关于印发〈高等学校学生勤工助学管理办法〉的通知》（教财〔2007〕7 号）及《教育部　财政部关于认真做好高等学校家庭经济困难学生认定工作的指导意见》（教财〔2007〕8 号），提出要规范管理高等学校学生勤工助学工作，保障学生的合法权益，保证国家制定的各项高等学校资助政策和措施真正落实到家庭经济困难学生身上，帮助家庭经济困难学生顺利完成学业。同在 2007 年通过《国务院关于建立健全普通本科高校高等职业学校和中等职业学校家庭经济困难学生资助政策体系的意见》（国发〔2007〕13 号），逐步建立了包括国家奖助学金、国家助学贷款、学费补偿贷款代偿、校内奖助学金、勤工助学、困难补助、伙食补贴、学费减免、"绿色通道"等多种方式的混合资助体系。为促进离校未就业高校毕业生尽快实现就业创业，2015 年通过的《教育部办公厅关于做好 2015 年离校未就业高校毕业生就业服务工作的通知》（教学厅函〔2015〕43 号），要求各地各高校要做好家庭经济困难和就业困难毕业生重点帮扶工作，促进家庭经济困难和就业困难毕业生就业。

2. 地方层面政策

对于贫困高校毕业生就业问题，在国家政策的指导下，各地因地制宜出台了多项政策措施来促进贫困高校毕业生就业。

2008 年出台的《山东省人民政府办公厅关于做好特困家庭高校毕业生就业工作的通知》（鲁政办发〔2008〕21 号），确定从 2008 年起设立高校特困生求职补贴；2014 年出台的《山东省教育厅关于进一步加强高等学校家庭经济困难学生资助工作的通知》（鲁教财字〔2014〕25 号）及《山东省财政厅山东省教育厅关于印发〈山东省高等学校毕业生学费和国家助学贷款补偿办法〉的通知》（鲁财教〔2014〕37 号）文件，形成对贫困高校毕业生的多渠道资助政策。高校实践方面，烟台大学结合实际实行"一站式"资助服务模式，以"项目式"资助的方式，最大限度地满足学生长远发展需要；聊城大学创新困难学生认定模式，推行"一书三卡"制度，为经济困难学生提供更多就业、创业机会，培养、锻炼、提高学生的就业、创业技能。

江苏省委、省政府十分重视家庭贫困学生的就业工作，在政府和高校的共同努力下，形成了"政府主导、高校联动、社会参与"的新局面，构建了"以财政资助为保障、助学贷款做辅助、高校与社会资助共同发展"的贫困高校毕业生就业的新模式。2011 年通过《江苏省政府关于进一步加强普通高等学校毕业生就业工作的通知》（苏政发〔2011〕97 号）及《江苏省人力资源和社会保障厅、江苏省教育厅、江苏省财政厅、江苏省民政厅、江苏省卫生厅关于印发〈关于购买基层公共服务公益性岗位重点帮扶困难家庭和就业困难高校毕业生就业的意见〉的通知》（苏人社发〔2011〕138号），加大对贫困高校毕业生就业的资助力度，建立"一对一"帮扶工作机制，确保贫困高校毕业生就业。

湖南省按照《国务院关于进一步做好新形势下就业创业工作的意见》（国发〔2015〕23号）精神，重点针对高校毕业生制定了"1+3"的新一轮创业就业政策体系，即《湖南省委省政府关于促进创新创业带动就业工作的实施意见》（湘发〔2015〕7号），以及配套的《湖南省人民政府办公厅关于进一步促进以高校毕业生为重点的青年创业就业的实施意见》（湘政办明电〔2014〕89号）、《湖南省人力资源社会保障厅省财政厅关于进一步加强职业能力建设工作的实施意见》（湘人社发〔2015〕32号）、《湖南省人民政府办公厅关于进一步做好失业保险促进就业预防失业工作的通知》（湘政办发〔2015〕45号）三个文件，以"创业带动就业"，促进高校毕业生就业。湖南省委、省政府高度重视贫困高校毕业生就业问题，结合湖南实际情况，2013年就出台了《关于做好纯农户家庭离校未就业高校毕业生就业援助工作的通知》（湘人社函〔2013〕76号），通过建立实名制信息台账，对纯农户家庭离校未就业高校毕业生做好跟踪管理，加强就业服务，重点推荐就业；另外通过《湖南省人力资源和社会保障厅、湖南省财政厅、湖南省教育厅关于进一步做好应届毕业生求职创业补贴发放工作的通知》（湘人社发〔2015〕60号）、《湖南省人力资源和社会保障厅、湖南省财政厅、湖南省教育厅关于进一步做校园招聘活动一次性补助工作的通知》（湘人社发〔2015〕62号），创新资助支持范围及资助发放时间。其中湘人社发〔2015〕60号文将湖南省高校毕业生一次性求职补贴调整为应届毕业生一次性求职创业补贴，补贴发放对象不但包括孤儿、残疾人、城乡低保家庭，还把在校期间已获得国家助学贷款的毕业年度高校毕业生纳入补助范围；另外，为适应应届毕业生提前求职的特点，求职创业补贴发放时间由2015年12月提前到2015年8月30日前完成。这些措施有效缓解了困难高校毕业生的求职压力，促进了贫困高校毕业生的就业。

重庆市2014下发《重庆市人民政府办公厅关于进一步完善扶持政策促

进普通高等学校贫困毕业生就业创业的通知》（渝府办发〔2014〕53号），首次以专项文件形式支持贫困高校毕业生的就业。重庆市政府相关部门先后出台一系列政策措施，建立了国家奖助学金、国家助学贷款、学费补偿贷款代偿、勤工助学、校内奖助学金、困难补助、伙食补贴、学费减免等多种方式并举的资助政策体系，有力地促进了当地贫困高校毕业生的就业。此外，还特别推出了特别岗位、服务及就业创业扶持等方面的政策，其一是组织各类企业每年提供约1200个岗位，同等条件下优先招聘贫困高校毕业生，此外政府每年提供约2000个公益岗位，对贫困高校毕业生实行托底过渡安置；其二是鼓励贫困毕业生到基层就业，服务满3年的，由重庆市财政按不超过每人每年6000元，总额最高不超过2.4万元的标准为其代偿学费；其三是鼓励高校贫困毕业生自主创业，项目上给予补贴扶持，政府优先购买贫困高校毕业生创业产品。重庆市就业帮扶政策覆盖了贫困高校毕业生就业创业的方方面面，相对是较为全面的政策措施。

八 河南贫困高校毕业生就业改善的有关建议

（一）健全向贫困高校毕业生倾斜的就业扶持政策体系

对于贫困高校毕业生就业，政府的作用显得尤为重要。政府应该通过制定宏观政策、完善资助体系、加大投入、营造良好就业环境来促进贫困高校毕业生的就业工作。

（1）完善贫困高校毕业生资助政策，加强政府支持的力度

首先是政府要加大对教育的投入，目前我国的教育投入相对不高，教育事业还处于发展阶段，特别是河南省本身人口基数就大，就更需要国家和各级政府加大对教育的投入力度，在资金上给予支持；其次是政府应该完善贫困高校毕业生资助政策。目前，河南省针对高校毕业生建立了以国家奖助学金、国家助学贷款为主，以学费补偿贷款代偿、校内奖助学金、勤工助学、校内无息贷款、特殊困难补助、学费减免为辅的多种方式的混合资助体系，切实有效地帮助高校毕业生就业。但由于河南省经济发展不平衡，地区间、城乡间差别很大，行业差别也较大，发达地区及经济效益

好的行业成为贫困高校毕业生难以涉足的领域。因此，在制定资助政策时要考虑到这些差异的存在，要有政策上的倾斜，加大政府支持的力度，制定出更优惠的政策，增加贫困高校毕业生在这些行业和地区就业的机会。

（2）扩大高校毕业生就业补贴政策支持范围，调整高校毕业生就业补贴发放时间

目前，虽然河南省针对高校毕业生建立了奖、助、贷、减、免的多层次的困难资助体系，切实有效地帮助高校毕业生就业，但政策的支持范围有待扩大。如2015年河南省高校毕业生求职补贴发放范围是：河南省行政区域内普通高等学校积极求职且享受城乡居民最低生活保障家庭的和残疾的2015年毕业年度毕业生。这样的范围就把很大一批贫困高校毕业生拒之于政策之外。河南是农业大省，农村人口多，来自纯农户的高校毕业生很多都是在学校申请助学贷款的，也属于贫困高校毕业生范围。在湖南省调研的过程中发现，湖南省在2015年7月10日下发了《湖南省人力资源和社会保障厅　湖南省教育厅　湖南省财政厅关于进一步做好应届毕业生求职创业补贴发放工作的通知》（湘人社发〔2015〕60号），扩大了求职创业补贴发放对象范围，把已获得国家助学贷款的毕业年度高校毕业生纳入补贴范围，并取得了较好的效果。因此，建议省各级政府就此开展调研，扩大就业补贴对象范围，从实处支持贫困高校毕业生就业。

另外，建议调整高校毕业生就业补贴的发放时间。河南省当前就业补贴发放流程及时间的规定是，对于符合条件的学生1月15日前应向所在高校就业部门申请，由各级财政部门采取直接转账到本人或经由院校转账等方式拨付，补贴资金将于毕业前足额发放到位。然而这仅仅是"锦上添花"，而非"雪中送炭"，一般来讲，高校毕业生就业的时间是毕业当年的1~5月。可见，高校毕业生就业补贴并没有真正发挥作用。建议将就业补贴发放时间整体前移6个月，让补贴发挥作用。

（3）完善就业公共服务体系

一是大力拓宽贫困高校毕业生就业渠道。制定实施高校毕业生企业就业社保费率过渡试点、劳动密集型和中小微企业招用高校毕业生优惠政策，落实高校毕业生培训补贴、求职创业补贴、岗位补贴、社保补贴等，促进

企业吸纳就业。出台基层单位就业学费补偿和助学贷款代偿办法，推动实施"大学生村官""选调生""三支一扶""农村教师特岗计划"等基层就业项目，引导城乡基层就业。健全人事代理服务机制，出台档案免费托管政策，完善社会保障政策，鼓励和保障灵活就业。二是扶持贫困高校毕业生创业。强化贫困高校毕业生创业培训，提升创业能力，将在校高校毕业生纳入创业培训补贴范畴，从创业资金、税收减免优惠等多方面向贫困高校毕业生倾斜。三是落实贫困高校毕业生实名制登记和跟踪服务，积极打造"积极政策保障线"、"留岗招聘保障线"和"公益性岗位托底保障线"三条就业援助保障线，全面促进离校未就业贫困高校毕业生就业工作。四是整合就业信息资源，建立政府、社会中介、高校三位一体的信息服务网。对于贫困高校毕业生来讲，大部分学生普遍社会关系少，就业渠道窄，缺乏就业信息资源。政府应进一步打破地区、行业、部门壁垒，建立完善以就业信息为核心的毕业生无形市场，充分发挥网络优势，形成区域性就业信息与全国就业信息互动，定期发布高校毕业生就业资讯和相关政策，形成信息资源共享的格局。

（二）营造贫困高校毕业生就业社会支持环境

1. 塑造良好社会舆论

当前高校毕业生就业过程中普遍存在自我和社会期望过高的情况，这也是造成高校毕业生就业难的一个重要因素。向往高薪、向往大城市及经济发达地区已经成为高校毕业生就业的共识。但当前的现实是：我国高等教育已经从"精英教育"转变成为"大众教育"，社会对高校毕业生原有的就业期待也应该随之改变。因此，社会要通过舆论宣传，倡导正确的择业观，加强对高校毕业生人生观、价值观和择业观教育，创造条件加大向基层、艰苦行业和不发达地区就业的引导力度，引导毕业生理性就业，从而减轻贫困高校毕业生所背负的社会期望和心理压力。

2. 拓宽渠道，争取社会资金的援助

通过多种形式、多种渠道的典型宣传，让社会充分了解贫困高校毕业生的就业现状，积极动员鼓励社会力量的参与解决贫困高校毕业生的就业

问题，拓宽贫困生扶持资金的来源渠道，引导社会各阶层参与教育慈善事业。一是吸引海外资金支持。要充分宣传，动员广大海外华侨、企业家，以为贫困高校毕业生设立各类奖励基金或助学基金的方式募捐；二是动员企业对贫困高校毕业生实行对口支援，鼓励企业通过定向培养方式帮助贫困高校毕业生解决生活和就业问题；三是充分利用校友资源，倡导校友在力所能及的情况下为母校做贡献。

3. 倡导社会向贫困高校毕业生提供职业培训

就业不同于扶贫，通过社会对贫困高校毕业生提供免费的就业培训，帮助提高贫困生的综合素质和能力，是促进他们就业的有效途径。贫困高校毕业生在就业中的一个突出劣势是他们缺乏必要的求职和工作技能。因此，一方面，政府制定相关的政策，通过税费减免或适当的财政补贴等优惠措施，动员鼓励社会相关培训机构参与对贫困高校毕业生的就业培训，提高贫困高校毕业生就业能力；另一方面，加强企事业单位与贫困高校毕业生的合作，接纳贫困高校毕业生参加企业实习或提供临时性过渡就业岗位，为贫困高校毕业生提供职业锻炼机会。

4. 家庭应理解和支持高校贫困毕业生的就业选择

农村贫困高校毕业生的家长要逐渐走出自己设定的理想境界，认清现实，与社会接轨；积极主动地了解当前经济条件下高校毕业生所面临的就业形势，降低就业期望值，支持他们到农村、基层以及西部工作。对暂时不能就业的毕业生，家长不要给孩子太大压力，督促毕业生积极参加就业培训，提高综合技能和适应社会的能力，从孩子的爱好和专业出发，帮助孩子积极查询招聘信息，如有可能，也可以鼓励孩子创业。家庭对孩子已经做出的就业选择，应结合当前实际的就业形势，提出合理建议，并给予相应的理解和支持。

（三）　完善高校对贫困毕业生就业支持体系

1. 完善高校就业服务体系，加大高校就业指导力度

高校应建立起完善的就业服务体系，以便更好地为学生提供就业服务，而不仅仅是一个形式化的部门。建立数据库，提供就业信息咨询服

务，加强与社会和用人单位之间的联系，关注各类招聘信息，必要时为学生提供培训服务。同时也可以为已认定的贫困高校毕业生给予专门的经费支持，如可以为求职成功的贫困高校毕业生报销交通费、异地食宿费等，也可以安排或者推荐就业，全方位地为贫困高校毕业生提供更加有效的就业信息和就业培训服务。

在就业指导的力度上，高校应继续加大。就业指导中心应该积极引导贫困高校毕业生科学规划生活，认真择业。全面推行高校毕业生综合素质拓展训练，开展各种求职技能和技巧的培训，以增强学生的竞争力。引导学生正确认识自我，并在此基础上做出合适的就业规划，确定个人的就业目标。加大对贫困高校毕业生在外形包装方面的投入，提高表达能力、交际能力等，以帮助贫困高校毕业生提高面试过关率。还可以请成功人士到高校进行就业或者创业教育，增强贫困高校毕业生就业或者创业的激情和实践经验。高校有必要针对不同性别、不同专业、不同年级的毕业生开展不同的就业指导。

2. 调整培养思路与模式，提高贫困高校毕业生就业竞争实力

高校要切实实现从传统教学模式到学分制、弹性学制的转换。目前河南省很多高校是名义的学分制、弹性学制，实际执行的还是传统四年一贯制，很少有学生可以提前毕业，也很少有特困生可以中途休学去打工或创业一段时间再继续回校学习。河南高校应该借鉴国外经验，加大改革力度，建立真正的学分制，让贫困高校毕业生在求学、就业中有更多的选择。另外，高校对贫困高校毕业生应该重点加强"能力式"的资助，有倾向性地培养贫困高校毕业生的就业能力，如为他们提供更多的校企合作实习的机会、更多的寒暑假社会实践的机会及学校创业园区更优惠的创业机会和政策，从而提高贫困高校毕业生的就业竞争实力。

3. 设计发展性的资助岗位，培养贫困高校毕业生的技能

"勤工助学"在对贫困高校毕业生资助过程中是使用最广泛的一种资助方式。贫困高校毕业生不但可以通过"勤工助学"获得一定报酬，自食其力，还为他们提供了锻炼能力的机会，有效消除贫困高校毕业生"等、靠、要"等不劳而获的思想，培养了他们的自立自强精神。但目前大部分高校提供的主要是比较简单的纯体力型劳动的岗位，例如后勤服务、清洁卫生、图书馆协管员、学工助理等，几乎没有技术含量，很难提升贫困生的能力。因此设计开发发展性的资助岗位，重视培养贫困高校毕业生的综合能力，增强贫困高校毕业生的竞争力，才能从源头上解决贫困高校毕业生的贫困问题。一方面，充分利用校内条件，可以开发提供贫困高校毕业生助教、实验室助理、辅导员助理及参与教师科研等岗位，提升贫困高校毕业生分析解决问题能力；另一方面，可以通过校企结合方式，为贫困高校毕业生提供校外工作的机会，对其专业能力、社会适应性进行全面培养。

4. 加强宣传，提高学校知名度，积极开拓校友资源

高校自身也应通过多种渠道加强宣传，提高知名度和社会效应，以帮助贫困高校毕业生克服就业时的自卑心理。首先是整合和利用社会资源，开展社会合作。可以采取校企联合，一方面扩大知名度，另一方面也增加就业；可以与其他初级中学合作办学，提高知名度和影响力，直接吸收良好生源；可以与其他知名学校开展交流合作，实现资源共享，互派留学生。其次是积极对外宣传。邀请媒体到校采访，提高社会大众对学校的美誉度；寻求名人效应，聘请知名人士到校参观和开设讲座；多参与社会公益活动，组织学生参加演讲、运动、志愿服务，承接社会公益项目，借机宣传学校的建设和学校的发展规划，提高学校的影响力。

校友资源可以作为贫困高校毕业生求职途径的有效补充。贫困高校毕业生在就业中社会资源普遍不足，学校可以充分利用校友这一资源，为贫困高校毕业生拓宽就业渠道。一方面，可以通过校友推荐，为贫困高校毕业生获得就业机会；另一方面，通过校友贫困高校毕业生可以了解目前行业和企业的发展状况，为进一步进行实习锻炼奠定基础。

（四）引导贫困高校毕业生打造自我支持体系

1. 调整就业理念，树立合理就业观念

贫困高校毕业生就业首要的是要有合理的就业观。农村贫困高校毕业生受传统思想和父母亲朋期望的影响，希望自己能够出人头地、衣锦还乡，就业期望值过高，这在就业时很容易走弯路。贫困高校毕业生必须要面对现实，树立"高校毕业生就是老百姓"的观念，从"精英"就业的梦幻中走出来，摒弃精英教育的就业观，改变自卑、功利的就业观，主动了解就业形势，认清社会现实，科学定位，了解自己的性格、能力、兴趣等方面的情况，了解职业，深入分析自己是否适合做这样的职业，能否达到与职业的匹配。拓宽就业思路，降低就业期望值，树立到基层、到生产第一线就业的观念，要走出"等、靠、要"和依赖资助的习惯思维模式，正确对待贫困，增强自我支持的能力。

2. 制定科学的职业规划

职业生涯规划，对高校毕业生而言，就是在自己兴趣、爱好的前提下及认真分析个人性格特征的基础上，结合自己专业特长和知识结构，对将来从事工作所做的方向性的方案。首先，正确地认识自己，找出自己的优势与劣势，找出自己的兴趣所在，进而确定自己的职业方向。其次，依据社会需要确定自己的最佳职业。最后，确定职业目标和个性化的职业发展计划，根据目标和进程不断总结并完善自己的计划。高校毕业生在走向社会前，将现实环境和长远规划相结合，给自己的职业生涯一个清晰的定位，是求职就业乃至将来职业升级的关键一环。

3. 全面提高自身的综合素质和就业能力

在就业中，非贫困高校毕业生相对好就业是因为他们往往拥有过硬的综合素质和职业能力。这是由很多方面的因素决定的，其中家庭是很重要的一大因素，甚至是决定因素。贫困高校毕业生在这方面往往起点较低，因此，贫困高校毕业生必须要努力提高自己的综合素质和能力，全面发展，以满足用人单位的需求，得到领导的赏识。同时，还应该努力学习与本专业相关的知识，做到学有所长，树立终身学习的思想。还要通过参与各种社会实践和就业见习活动，着重培养实际操作能力、人际交往能力、创新能力和分析解决复杂问题的能力。要积极运用信息资源，及时了解各种新观点、新知识，不断提高自己的知识和学术水平，要做到学历和能力完美匹配，从而全面提高自身的综合素质，这样才能在求职时脱颖而出，顺利就业。

4. 逐步建立和完善自我支持系统

自我支持系统是个人在自我的社会关系网络中所能获得的来自他人的

物质与精神上的帮助和支持，可能包括来自亲人、朋友、同学、同事、邻居、老师等的帮助和支持。对于贫困高校毕业生而言，家庭成员、学校成员和同辈群体是他们重要的个人支持系统，他们能在就业、生活救助、心理慰藉等方面为贫困高校毕业生提供诸多帮助。一方面，贫困高校毕业生要维护好个人的社会系统。对于贫困高校毕业生来讲，社会关系的缺乏影响其就业。因此，贫困高校毕业生要学会处理人际关系，懂得关心、照顾、帮助他人，与系统内成员共同发展。另一方面，要充分开发利用个人社会支持系统，例如，获取同学们的就业经验、充分发挥校友作用及利用家庭关系等，运用各种关系资源，挖掘就业渠道，获得就业机会。

附件 1

分报告　就业导向下的河南省地方高校转型发展研究[*]

随着全面深化改革的不断推进，高等教育改革也面临着适应新常态、推出新举措的机遇与挑战。2013 年以来，教育部关于推进地方高校转型发展的探索备受各界关注。推进地方高校向应用技术大学转型，是高等教育从分类改革到体系建设的重大突破，是高等教育结构调整的基点。作为现代职业教育的本科层次，应用技术大学在丰富高等教育体系多样性的同时，将给职业教育发展带来新的机遇。就河南省而言，加快地方高校转型，培养应用型、技能型、创新型人才，不仅是河南省高等教育从大众化向普及化迈进的必然选择，也是新常态下河南省经济社会发展的迫切要求。

此项研究是在我国高等教育发展的时代变迁中，考量河南地方高校发展的历史进程以及当前存在的问题，通过研判国家高等教育发展改革取向，就加快河南省地方高校转型发展，提出建设性的意见和建议。特别是强调在全面深化改革的新时期，河南省地方高校正在成为一支自下而上推动高等教育制度改革创新的有生力量，其积极探索之路将给我国地方本科高校转型提供有益的启示和借鉴。

一　地方高校发展的历史背景及现实要求

（一）　地方高校发展的历史背景

根据《中华人民共和国高等教育法》的有关规定，我国的高等学校可

---

[*]　本报告作者简介：白玉，河南省发展研究中心社会处副处长，副研究员。

以分为中央高校和地方高校。中央高校指由教育部等中央部门主管的高校，地方高校指由省级及以下各级政府主管的高校。这种划分方法主要源于我国施行的以中央和地方政府两级管理、地方政府统筹管理为主的高等教育管理体制。改革开放以来特别是在世纪之交，受当时外部宏观经济环境变化的显著影响和缓解劳动力市场的就业压力，配合推行高等教育规模扩张的重大举措，我国高等教育管理体制和成本分担机制进行了实质性改革，最终形成了现行的制度安排。

一是外部宏观经济环境变化对政府出台高校扩招政策影响显著，体现了当时转移经济危机、刺激经济增长的重要政策意图。1997 年，金融危机冲击了东亚地区。尽管相对于周边国家，我国受其影响较小，但由于正处于经济周期的低谷，外部冲击导致经济增速明显趋缓，出口增长率和外商直接投资增长下滑，1998 年预定 8% 的经济增长目标最终没有实现。金融危机使民众需求乏力，国内消费市场陷入低迷状态。为此，作为拉动内需、刺激民众消费增长的重要手段，高等教育规模扩张所产生的经济效益得到了学者和政府决策部门的高度关注和期望。

二是缓解劳动力市场的就业压力，保障就业市场供求稳定也是政府做出扩招政策选择的重要原因之一。1995 年之后，国企改革深化和国有资产重组，导致大量职工下岗、失业。1999 年中国科学院发布的《国情报告》提出警示，未来 3 年我国的失业问题将进一步恶化。在上述背景下，高等教育扩招政策不仅能为社会创造一系列就业机会，同时也能使急速增长的劳动适龄人口进行分流，减轻劳动力市场的就业压力。

三是以 1998 年国务院机构改革为契机，中央业务部门高等学校大部分通过共建转由地方管理，使高等教育管理体制改革取得了实质性的进展。至 2000 年，我国高等教育条块分割、权责不清的局面得到根本扭转，明确地方政府是地方高等教育管理和投入的责任主体，在院校设置、招生、学科专业建设方面拥有更多的自主权，在高等教育收费上拥有一定的灵活性。两级管理、以省为主的体制基本形成，地方政府发展高等教育的责任感和积极性不断增强，助推地方高校迅速发展，在我国高等教育体系中的地位日益突出，并在体量上成为我国高等学校的主体。

（二） 经济新常态下地方高校转型发展的现实要求

近年来，随着国内外环境条件的不断变化，我国经济发展进入新常态，呈现增速适度下调、产业结构趋于高级化、寻求经济增长新动力的阶段性特征，原有经济发展方式中的大多数支撑因素正在发生历史性的深刻变化。全国劳动年龄人口绝对数量开始下降，人口老龄化加速，人口红利的拐点出现，"用工荒" 和劳动力成本上涨已经成为制约经济增长的重要因素；作为多年来刺激经济增长主要杠杆的宽松货币政策，因通胀压力不断加大和天量 M2 带来的金融风险而难以持续；土地、资源、环境等因素的约束力越来越强，节约集约利用资源、加强环境保护和生态建设等正成为可持续发展的内生因素，未来经济发展的主要动力将从过去过分依赖投资增长、资源消耗和初级要素投入，转变为主要依靠提高全要素生产率和创新驱动。高等教育作为科技、创新和人才第一资源的重要结合点，在转变经济增长方式中的作用愈加凸显。

一是在新常态下实现经济增长，关键是依靠技术进步推动产业升级。李克强总理提出要打造中国经济的升级版。产业要升级，关键是劳动力结构要升级，劳动者价值创造能力要提升。因此，从国家能力建设的角度讲，核心是提升自主创新能力和提高先进技术的转移应用能力。国家人才培养的布局需要紧紧围绕这两个能力建设，一方面，要加快拔尖创新人才的培养；另一方面，在经济社会的所有领域都需要系统培养掌握先进产业技术的技能型人才。技术进步和产业升级需要大量的应用技术人才，这是经济发展的客观规律，也为工业化国家的发展实践所证明。加快培养适应技术进步和产业升级的应用技术人才，是高等教育在新常态下的使命担当。

二是在新常态下实现经济增长，核心是将经济增长的动力转换到创新驱动发展。习近平总书记在两院院士大会上讲，创新驱动发展要 "完成从科学研究、实验开发、推广应用的三级跳"，"围绕产业链部署创新链"。适应创新驱动发展战略的要求，人才培养需要围绕 "三级跳" 形成合理培养结构，打通从基础研究、创新到应用的价值链。实现产业链、创新链、人才链的统一，推动科教融合、产教融合。实现 "三级跳" 和 "三链统一"，高等教育应培养越来越多的创新型人才。

三是技术进步、产业升级，必然要求进行高等教育结构的调整。从"三级跳"的要求看，高等教育培养的人才 80% 都应当是应用型人才。从经济社会发展角度看，高等教育大众化、普及化的推动力主要来自社会经济各领域的技术进步，高等教育大众化发展的增量主要来自现代高等职业教育，并随着技术进步使职业教育的层次不断提高。从产业升级的角度看，现代农业、制造业特别是现代服务业、文化创意产业和公共服务领域的人才需求越来越体现复合化的特征，在本科及以上的职业化专业人才培养中，80% 应当是复合型。这两个 80%，前者是推动高等教育布局结构调整的主要因素，后者是推动高等教育学科专业结构调整的主要因素。培养适应经济社会发展需要的应用型、复合型人才，高等教育结构调整势在必行。

四是高等教育结构调整、现代职业教育体系建设和学习型社会建设都聚焦在应用技术类型高校的发展上。在技术进步和产业升级的推动下，高等教育需要解决人才培养类型与人才需求类型的衔接，现代职业教育体系建设需要解决本科阶段职业教育的断层，继续教育发展和学习型社会建设需要解决一线技术技能人才成长立交桥的断点，就需要融合高等教育、职业教育、继续教育的新型大学。因此，应用技术大学建设是上述内容的结合点，是转型发展的战略方向。

二 河南地方高校发展历程及存在的问题

（一）河南省地方高校发展历程

新世纪以来特别是全省高等教育工作会议以来，河南省深入实施科教兴豫和人才强省战略，把高等教育发展摆在十分突出的位置。根据地方高校的定义，河南省普通高校几乎都属于地方高校，其在学校数量、招生规模和在校生规模等方面的迅猛发展，有力地推动了河南省高等教育的大众化，主要经历了三个时期。第一个时期，规模快速扩张期。1999～2004年，河南省普通高校数量由 1999 年的 56 所增加到 82 所，年均扩招速度在 30% 以上，高等教育招生规模和在校生规模呈持续快速增长态势。第二个时期，大众化实现并稳定发展期。2005 年，河南省高等教育毛入学率达到 17.02%，实现了历史性跨越，进入大众化阶段。2005～2009 年，河南省普通高校数量维持在 80 多所，年均扩招速度降至 15% 以下，高等教育招生规模和在校生规模呈现稳定增长态势。第三个时期，战略调整期。2010 年以来，虽然河南省普通高校的数量增加至 100 多所，但高等教育招生规模和在校生规模都基本保持稳定，年均扩招速度降至 3% 以下。在稳定规模的同时，顺应我国高等教育发展的战略性调整，深入贯彻落实《中共中央关于全面深化改革若干重大问题的决定》，河南省高等教育开始抢抓机遇，积极转变发展方式，由单纯注重规模扩张向规模与结构、质量、效益协调发展转变。

目前，河南省高等教育规模跃居全国第四，普通高等学校招生人数和在校生数分别突破 50 万人和 160 万人，高等教育毛入学率超过 30%，正在向普及化阶段迈进。全省共有普通高等学校 129 所，除了双一流大学和省部共建的两所大学，即郑州大学、河南大学和河南师范大学，其余 126 所均属于地方高校，包括本科院校 49 所和高职（专科）院校 77 所。地方本科院校中，办学 30 年以上的传统本科院校 13 所（详见表 1），2000 年以来新设本科学校 36 所（详见表 2）。新建本科院校不仅是河南省地方本科院校的主力军，也是教育部推进地方高校转型的重点考察对象。

表 1　河南省传统本科院校名单

序号	学校名称（地点，性质，时间）	序号	学校名称（地点，性质，时间）
1	河南农业大学（郑州，公立，1902）	8	中原工学院（郑州，公立，1955）
2	河南理工大学（焦作，公立，1909）	9	河南工业大学（郑州，公立，1956）
3	郑州航空工业管理学院（郑州，公立，1949）	10	河南中医学院（郑州，公立，1958）
4	河南科技学院（新乡，公立，1949）	11	信阳师范学院（信阳，公立，1975）
5	新乡医学院（新乡，公立，1950）	12	郑州轻工业学院（郑州，公立，1977）
6	华北水利水电大学（郑州，公立，1951）	13	河南财经政法大学（郑州，公立，1983）
7	河南科技大学（洛阳，公立，1952）		

表 2　河南省新建本科院校名单

序号	学校名称（地点，性质，时间）	序号	学校名称（地点，性质，时间）
1	黄河科技学院（郑州，民办，2000）	19	黄淮学院（驻马店，公办，2004）
2	洛阳师范学院（洛阳，公办，2000）	20	安阳工学院（安阳，公办，2004）
3	安阳师范学院（安阳，公办，2000）	21	南阳理工学院（南阳，公办，2004）
4	南阳师范学院（南阳，公办，2000）	22	郑州成功财经学院（巩义，民办，2006）
5	河南城建学院（平顶山，公办，2002）	23	新乡学院（新乡，公办，2007）
6	周口师范学院（周口，公办，2002）	24	河南工程学院（郑州，公办，2007）
7	许昌学院（许昌，公办，2002）	25	洛阳理工学院（洛阳，公办，2007）
8	商丘师范学院（商丘，公办，2002）	26	郑州科技学院（郑州，民办，2008）
9	郑州大学西亚斯国际学院（郑州，独立学院，2002）	27	郑州工业应用技术学院（郑州，民办，2008）
10	河南理工大学万方科技学院（郑州，独立学院，2002）	28	河南警察学院（郑州，公办，2010）
11	新乡医学院三全学院（新乡，独立学院，2003）	29	郑州师范学院（郑州，公办，2010）
12	河南大学民生学院（开封，独立学院，2003）	30	商丘工学院（商丘，公办，2011）
13	信阳师范学院华锐学院（信阳，独立学院，2003）	31	商丘学院（商丘，民办，2011）
14	河南师范大学新联学院（郑州，独立学院，2003）	32	郑州升达经贸管理学院（郑州，民办，2011）
15	安阳师范学院人文管理学院（安阳，独立学院，2003）	33	河南牧业经济学院（郑州，公办，2013）
16	河南科技学院新科学院（郑州，独立学院，2003）	34	信阳农林学院（信阳，公办，2013）
17	中原工学院信息商务学院（郑州，独立学院，2003）	35	郑州财经学院（郑州，民办，2014）
18	平顶山学院（平顶山，公办，2004）	36	黄河交通学院（郑州，民办，2014）

（二）河南省地方高校发展存在的问题

河南省地方高校的发展是在全国高等教育大发展、大变革的背景下实现的，带有明显的政府推动痕迹。尽管在此发展方式和制度安排下，河南省高等教育的规模迅速扩大，经费投入大幅增长，人才培养数量不断增加，但体制上的局限性也导致其存在整体发展水平偏低、办学特色不够突出、人才培养质量相对不高、高等教育结构不甚合理、对地方经济增长的贡献率较低等主要问题。

1. 整体发展水平偏低

按照现行高等教育管理和投入体制，地方高校对当地社会经济发展的依赖性很强。河南省作为一个农业大省、人口大省，省级及以下政府对地方高校经济支撑能力有限。河南省财政性教育经费虽然持续增长，但地方高校规模扩张的速度远远超过政府对高等教育的投入，高等教育生均教育经费、生均预算内教育经费和生均预算内公用经费自1999年呈连续下降态势。为了筹集地方高等教育发展所需的经费，各级政府加大了非财政渠道的经费筹措力度，特别是依赖拓展空间有限的学杂费收入、商业借贷等。同时，我国高校的经费预算有52.7%是投入"985"高校，河南省地方高校接受中央财政补贴的资金很有限。多方面因素导致河南省高等教育经费投入总体不足，地方高校整体发展水平偏低。根据《中国高等教育发展报告》，从整体规模、师资力量、国际化、信息化、社会服务、经费投入、多元参与7个维度综合分析，河南省高等教育整体发展水平处于全国高等教育的"第三方阵"。上海交通大学高教研究所发布的《中国省级区域高等教育竞争力评价》也得出相似结论，河南省高等教育综合竞争力在全国31个省区市（除香港、台湾、澳门外）中，排名第19位。

2. 优质高等教育资源稀缺

高等教育是培养专门人才和高层次人才的摇篮。目前，河南省高等教育已进入大众化阶段，规模位居全国第四，高等教育毛入学率超过30%，为提高河南省人口素质做出了突出贡献。但河南省优质高等教育资源稀缺，全省共有普通高等学校129所，却没有一所"985"高校，"211工程"大学只有1所，每百万人口"211"高校的比例是0.01%，而全国最高的北京市是河南的183倍。根据艾瑞深中国校友会网最新发布的《2017中国大学教学质量评价报告》，全国大学教学质量排名前200名的高校中，河南省总共有6所，前50强没有1所，只有2所跻身百强，有4所排名在100～200位且比较靠后（详见表3）。从区域分布看，作为人口大省，河南省高校排名前 200 位的数量，不仅远远低于北京、上海等传统高等教育发展先进地区，也落后于安徽、湖北、湖南、陕西等相邻中部省份。采用"各领域杰出校友"分项指标来指征河南省高校培养高端人才的水平，河南省进入前 100 名的三所高校，即郑州大学、河南大学和解放军信息工程大学，位次也在 50 名以后。

表 3 中国大学教学质量排行榜（2017 年）

名次	学校名称	所在地区	综合得分	星级排名	办学层次
1	清华大学	北京	100.00	8 星级	世界一流大学
2	北京大学	北京	99.87	8 星级	世界一流大学
3	复旦大学	上海	81.29	7 星级	世界知名高水平、中国顶尖大学
4	中国人民大学	北京	80.46	7 星级	世界知名高水平、中国顶尖大学
5	南京大学	江苏	76.24	7 星级	世界知名高水平、中国顶尖大学
6	武汉大学	湖北	75.82	6 星级	世界高水平、中国顶尖大学
7	浙江大学	浙江	74.85	6 星级	世界高水平、中国顶尖大学
8	吉林大学	吉林	72.82	6 星级	世界高水平、中国顶尖大学
9	上海交通大学	上海	71.58	6 星级	世界高水平、中国顶尖大学
10	南开大学	天津	68.75	5 星级	世界知名、中国一流大学
64	郑州大学	河南	61.75	4 星级	世界知名、中国高水平大学
97	河南大学	河南	61.37	3 星级	中国知名大学
130	河南农业大学	河南	60.98	3 星级	中国知名大学
178	河南师范大学	河南	60.67	2 星级	区域高水平大学
185	河南科技大学	河南	60.63	2 星级	区域高水平大学
185	河南财经政法大学	河南	60.63	2 星级	区域高水平大学

数据来源：艾瑞深中国校友会网。

"十三五"时期，河南省经济社会发展面临复杂多变的外部经济形势和自身产业结构的深层次调整，加快产业升级，提升区域核心竞争力，建设"三区一群"国家战略，转方式、调结构的任务尤为迫切，需要大批技能型、应用型、复合型人才。尽管近几年河南省高校毕业生超过 50 万人，总数屡创新高，但与河南省经济社会发展需要的适配性差，就业市场呈现的技能型人才紧缺与高校毕业生"就业难"矛盾依然突出。

3. 办学特色不够突出

河南省高等教育的规模扩张、实现大众化显然延续了精英阶段时的发展特征，将学术型人才培养作为学校的培养目标，培养方案过于强调理论体系的系统和完整，缺乏或很少有实践类教学环节。地方高校办学定位模糊、特色不突出，同质化现象比较严重。特别是许多新建地方本科院校也致力于向研究型大学目标靠拢，不同类别、不同层次高校之间课程体系差别很小，专业设置过于雷同，纷纷开设所谓"热门"专业，脱离本地经济建设和社会发展的实际需求。根据近三年本科院校招生专业数量的统计分析，半数以上新建本科院校集中在英语、计算机科学与技术、市场营销、国际经济与贸易、电子信息工程等专业招生，且招生比例明显高于国内本科院校平均水平。原本一些行业特色非常鲜明的学校升格或更名后，放弃了原有的应用性、技能性的传统优势，片面追求"大而全"和办学层次的提高，这种外延式的发展模式影响了高等教育效率和效益的发挥。

4. 高等教育结构不甚合理

河南省高等教育层次结构、布局结构、类型结构以及形式结构仍存在不甚合理的问题，主要表现在如下几个方面。

一是河南省地方高校培养高层次人才的能力有限。据统计，全国普通高校研究生、本科生、专科生在校生人数之比为 5.97∶51.38∶42.65，而河南省仅为 1.6∶44.9∶53.5，这种状况难以适应河南经济社会发展对高层次人才的需求。

二是河南省地方本科高校主要集中在郑州，各省辖市高校数量分布不均衡。如新乡市本科院校有 6 所，而周口、许昌、驻马店本科高校数量仅 1 所；漯河产业经济发展成熟，三门峡地域广大，却没有一所本科高校（详见表 4）。

表 4 河南普通本科高校区域分布

省辖市	本科高校数量	省辖市	本科高校数量
郑州	22	开封	2
新乡	6	南阳	2
焦作	3	平顶山	2
洛阳	3	周口	1

省辖市	本科高校数量	省辖市	本科高校数量
安阳	3	许昌	1
信阳	3	驻马店	1
商丘	3		

三是河南省高等教育类型结构不甚合理，突出表现在"师范型"学校数量和师范型专业过多。河南省公办本科高校 32 所，其中 9 所为师范院校；地方本科高校大多是从高等师范专科学校"升本"而来，尽管改名，但"师范型专业"设置仍然保留较多。

四是河南省高等教育形式结构有待优化，主要表现在两个方面：首先，各种成人高校数量较少；其次，各种职业技术学院数量较少。职业化是成人高等教育转型的关键。近年来，北京、上海、广州等地新兴社区学院，江苏、浙江、广东等地新兴城市学院，而河南省各地级市的成人高校仅停留在"电大"基础上，而且规模逐年缩减。河南是农业大省和人口大省，城镇化水平较低，未接受高等教育的农村人口很多，2015 年教育部公布的河南省成人高校数量仅有 12 所，显然不能满足人们继续提高文化水平、职业技能的需要。

5. 对地方经济增长的贡献率较低

高等教育对经济增长的贡献率主要体现在通过高等教育培养本地经济社会发展所需的科技创新人才的总量和质量，提高本地社会经济发展的创新驱动能力，从而提高劳动生产率，推动本地经济增长和社会发展等方面。采用主要劳动年龄人口中接受高等教育的比例和高等教育对本省经济增长的贡献率两项指标来分析，河南在全国的排名均相对靠后。河南省主要劳动年龄人口中接受高等教育的比例严重偏低。2016 年，在全国 31 个省份中排名倒数第二位，仅比云南略高，低于全国水平 3.3 个百分点。通过柯布－道格拉斯生产函数计算，河南省高等教育对本地经济增长的贡献率在全国 31 个省份中排名倒数第三位。

三　新一轮高等教育改革的政策取向

《中共中央关于全面深化改革若干重大问题的决定》（以下简称《决

定》）确立了我国在各个领域改革的方向和目标。在此背景下，高等教育的改革也不断推陈出新。在当前经济进入新常态、改革步入"深水区"的新阶段，我国高等教育改革与发展呈现三大基本取向，即高等教育发展任务从大众化到多样化，高等教育改革从自上而下的政府主导到上下结合、多方参与，以及更加突出高校发展的市场导向。地方高校作为三者的着力点，转型发展势在必行。

（一）　国家深化教育改革的基本思路

《决定》关于教育改革与发展的论述，从深化改革的思路上将我国的教育改革与发展带到了一个新的历史阶段，主要表现在以下三个方面。

1. 教育地位更加突出

《决定》在第十二部分"推动社会事业改革创新"中对教育改革与发展有两个非常重要的表述。一是将教育的改革与发展作为"人民最关心最直接最现实的利益问题"，如此表述教育的重要性是前所未有的。二是在这个部分所涉及的5个领域中，即教育、就业、收入分配、社会保障、医疗卫生领域，教育被摆在首位。用习近平总书记在关于《决定》说明中的解释，"在框架结构上，全会决定以当前亟待解决的重大问题为提领，按条条谋篇布局"，充分反映出教育改革与发展的战略地位更加突出。

2. 改革带动发展的逻辑转变

《决定》对于若干重要教育领域的问题，已经不是单纯通过增量来解决，而是对现有的制度设计与教育结构进行存量改革，即从以往的发展带动改革，逐渐转变为改革带动发展。由于存量改革涉及已经形成的各种不同的利益集团，在改革目标和措施上难以形成高度共识，因而难度更大，需要政府富有"担当"精神，更需要改革从"政府主导型"转向"社会参与型"，制度安排既要强化自上而下的顶层设计，又要注重自下而上的基层创新。

3. 更加注重市场作用的发挥

《决定》提出，要通过市场在资源配置中起决定作用来深化经济体制改革，说明政府与市场之间的关系将发生重大变化。而这不仅仅发生在经济领域，对于教育领域也同样产生深刻的影响。一方面，政府在义务教育和涉及公共利益的某些教育领域将承担和发挥更加重要的责任；另一方面，某些非义务教育和与市场经济联系密切的教育层次、环节或领域，则需要更多地以市场需求为导向，教育与市场之间的关系将逐渐成为教育改革发展中的重要方面。学校也将从以往更多地与政府互动，转向与市场、政府双向协作。

（二）国家高等教育改革政策取向

1. 发展任务从大众化到多样化

从发达国家高等教育发展历程来看，高校分层分类和高等学校多样化是其大众化的必然结果。高等教育处于精英阶段时的"同质化"特征，到了大众化阶段后，为与经济增长、产业结构相适应，实现了结构优化和高等学校多样化。我国高等教育的大众化显然没有完成这一任务。2010 年以来，《国家中长期教育改革和发展规划纲要（2010－2020年）》（以下简称《教育规划纲要》）、《教育部　财政部关于实施高等学校创新能力提升计划的意见》（教技〔2012〕6号）、《教育部关于全面提高高等教育质量的若干意见》（教高〔2012〕4号）、《教育部关于2013年深化教育领域综合改革的意见》（教改〔2013〕1号）等文件陆续颁布，要求今后我国高等教育的发展任务要以全面提高质量为重点，更加注重提高人才培养质量、提升科学研究水平、增强社会服务能力，特别要求高等学校优化结构办出特色。2020 年前高等教育将进入发展理念战略性转变、全面提高质量、创新培养模式和深化体制改革的新阶段。

在此新阶段，职业教育作为适应经济社会发展需要、全面提高教育质量、优化教育结构的突破口，地位和作用更加突出。在加快发展职业教育的过程中，应用技术大学作为现代职业教育的本科层次，是亟待建设的学校类型（详见图1）。

目前，教育部正在根据《国务院关于加快发展现代职业教育的决定》（国发〔2014〕19号）和《现代职业教育体系建设规划（2014－2020）》研究制定《关于开展部分普通本科高校转型发展试点的指导意见》，采取试点推动、示范引领等方式，引导一批本科高等学校向应用技术类型高等学校转型。2014 年以来，配合地方高校转型发展，教育部还积极推动高校招生考试制度、研究生分类体系等领域的改革。

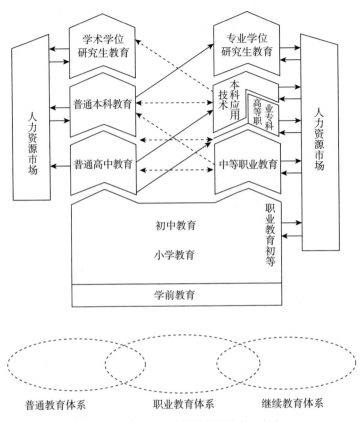

图 1 我国着力构建的现代教育体系框架

2. 改革从政府主导到社会参与

随着今后高等教育规模的基本稳定，改革与发展的逻辑将发生根本改变。《决定》对于若干重要教育领域的问题，已不是单纯通过增量来解决，而是对现有的制度设计与教育结构进行存量改革。地方高校是目前我国高等教育体系中体量最大的一类学校，基于区域间经济社会发展的需求不同，其转型不能"一刀切"，既需要各级政府的科学决策，又需要地方高校的积极探索。对于向应用技术大学转型，河南省黄淮学院等地方高校就做出了有益的探索。2014 年首届产教融合发展战略国际论坛在驻马店举行，178 所高等学校在会议闭幕式上达成了《驻马店共识》，河南省地方高校在推动应用型本科建设方面的努力得到了教育部的肯定。

3. 高校发展从与政府互动到与市场、 政府双向协作

未来经济社会发展中政府与市场之间的关系将发生重大变化，对教育领域也会同样产生深刻的影响。一方面，政府在义务教育和涉及公共利益的某些教育领域将承担和发挥更加重要的责任；另一方面，某些非义务教育和与市场经济联系密切的教育层次、环节或领域，则需要更多地以市场需求为导向，高等教育与就业市场之间的关系将逐渐成为教育改革发展中的重要方面，高校将从以往更多地与政府互动，转向与市场、政府双向协作。

基于人口因素的预测，我国高等教育大众化与普及化的临界点在 2020～2025 年。高等教育普及化的来临意味着高考招生形势将会发生逆转，某些经营不善的高校将会破产。这种倒逼机制使就业率普遍偏低、经费来源主要以学杂费收入为主、发展"同质化"的地方高校，尤其是新建本科院校的转型压力更大，面向经济社会发展需求办学的积极性更高。基于上述分析，地方高校转型自然成为我国高等教育发展新时期、制度变革新阶段的切入点。

四 河南地方高校探索转型之路的典型案例

从 1999～2016 年河南省地方高校发展状况来看，无论取得的成效还是存在的问题，都与高等教育制度变革紧密相关，这种制度安排大都是以政府为主导的强制性改革，虽然存在其合理性和科学性，但在新时期、新阶段，高等教育改革更需要自下而上的基层创新，而河南省部分地方高校在转型创新实践方面做出了积极的探索。

2013 年 2 月，教育部正式启动"地方高校转型发展"战略试点改革，河南省黄淮学院被教育部确立为地方转型发展工程研究项目组组长单位。3 月，黄淮学院、黄河科技学院 2 所本科高校列入教育部第一批"转型发展示范校"。因此，以黄淮学院为典型案例，详细分析其在转型发展中取得的经验和启示。

（一） 建立转型发展试点工作的领导机构和工作机制

一是设立专门机构，领导转型发展。2013 年 6 月，黄淮学院转型发展试点工作领导小组成立，由党委书记、校长担任领导小组组长，各分管校

领导担任副组长，领导小组下设改革试点办公室，由发展规划处、教务处、科研处、人事处、实验设备处、高校毕业生创新创业中心、应用技术大学研究中心等相关职能部门共同组成，具体负责改革试点项目的日常管理、组织实施改革计划项目建设内容，研究制定保证改革试点项目顺利实施的各项制度与措施，监督检查改革试点项目建设的执行情况。

二是成立应用技术大学研究中心，研究转型发展。为加强转型发展和应用技术大学建设的研究力量，该校在全国率先成立应用技术大学研究中心，其主要职能就是"围绕地方高校转型发展的重大热点、难点问题开展综合调研、系统研究，为学校的转型发展和应用技术大学建设提供理论参考和决策服务"。

三是出台系列政策，支持转型发展。2013年9月以来，出台了《黄淮学院转型发展及应用技术大学建设方案》《中共黄淮学院委员会关于认真贯彻教育部地方本科高校转型发展座谈会精神，加速提升学校转型发展水平的意见》；2014年8月，在全省率先研制出台《黄淮学院转型发展十个新突破工作方案》，从发展目标、重点任务、治理结构、校企合作、师资队伍、学科专业、培养模式、课程教材、实践基地、科学研究、继续教育、国际交流合作等全方位推进转型发展。

四是推进学校内部治理结构改革，促进转型发展。按照"共建、共管、共享"的原则，与企业合作组建了银泰汽车学院、华为信息与网络技术学院、用友新道经济管理学院、天中联食品工程学院、昊华骏化学院、黄淮学院博发电子商务学院等二级学院；积极探索内部治理结构改革，二级学院设立理事会，有权决定学院的师资选聘和内部分配制度；同时，由企业派专职人员担任二级学院副院长，校企共同参与二级学院的日常教学和管理，形成了共建共管共同参与技术技能型人才培养的新型二级学院管理体制。

五是建立改革试点推进机制，保障转型发展。投入转型发展专项资金1000万元，其中省教育厅提供专项支持40万元，并于2013年10月制定了《黄淮学院转型发展试点项目建设资金管理办法》，对试点建设项目的资金预算、决算和使用等做出详细规定，确保专款专用、专账管理；强化改革项目二级管理，试点改革建设项目实行以"统一规划、分集管理、责任到人、全程监督、定期考核"为原则的二级管理机制,学校负责改革试点总项目的管理和实施,各项目组在学校总体指导和管理下,分别负责各项目的管理和实施;同时领导小组对各项目组工作进展情况、运行状况和运行效能进行考核与评估,确保项目顺利实施,实现预期目标。

(二) 进一步打造优势学科和特色专业

一是健全学科专业动态调整机制。按照"围绕产业办专业、办好专业促产业"的思路,强化校企沟通交流,组织专业带头人和骨干教师深入行业、企业开展专业调研活动,在此基础上制定了《黄淮学院专业建设工作条例》,明确了专业建设的基本原则、重点任务、设置条件与流程、建设标准等,建立了常态评价、动态调整等管理机制,强化专业建设过程管理,提升专业建设的前瞻性、针对性、科学性、灵活性。

二是大力实施"学科专业改造提升计划"。瞄准河南省实施的国家战略,紧紧围绕地方战略性新兴产业和高成长性产业,进一步优化学科专业结构、调整学科专业布局。2013 年,该校停招了国际经济与贸易、汉语国际教育、网络工程和城乡规划 4 个专业,2014 年新增了工程造价、生物工程、制药工程、学前教育 4 个专业;在建好现有信息技术类、土木建筑类、文化艺术类和管理经营类 4 个特色学科专业群的基础上,又重点培育机械电子类、食品加工类 2 个特色专业集群,为应用型专业体系建设注入新的活力,进一步提升了学校专业建设与地方经济社会发展的符合度、依存度、贡献度和满意度。

三是专项支持应用型课程与教材建设。学校相继出台了《黄淮学院课程资源开发质量标准》《黄淮学院 2014 年课程建设实施方案》等文件,划拨专项资金 150 万元,以校企合作方式推动应用型课程与教材建设。目前,学校已立项建设 100 门基于工作过程系统化的应用型课程、50 门网络共享课程;《大学计算机及应用基础案例教程》和《网络工程实用教程》两部教材获得第一批河南省"十二五"普通高等教育规划教材立项,组织编写并出版了《创新创意基础教程》等 3 部应用型特色校本教材;2014 年 8 月,《高校毕业生创新创意创造方法》作为创新类课程改革的成功经验,列入了教育部 2014 年下半年全国高校教师网络培训计划,并在全国推广。

(三) 进一步创新技术技能人才培养模式

一是强力推进校企"双主体"人才培养模式改革。在原有 160 余家合作发展联盟基础上，又先后与河南天中联实业有限公司、博发电子商务产业园、河南新燎原集团、河南银泰新能源汽车有限公司、华为集团、用友软件集团、北京完美动力科技有限公司、江西务本传媒有限公司建立合作关系，成立了专业改革建设指导委员会，共同制定培养方案，确定培养目标，制定教学大纲和教学计划，设置课程体系，组织课程内容，制定学生评价机制，签订实习就业协议，把"校企双主体"落实到专业人才培养的全过程。

二是积极推进"两对接"的应用型教学模式。根据"课程内容与职业标准对接、教学过程与生产过程对接"的总体原则，依托高校毕业生创新创业园、科技产业园、梦工厂和各级各类工程技术开发中心，以及合作联盟单位等，按照"校中厂、厂中校"的模式，建立起技术先进、设备完善、环境逼真的工作室或教学车间，把教学内容融入设计或生产过程，依据统一教学计划进行运作，做到在教学中生产，在生产中教学。以案例教学为突破口，全面带动启发式、讨论式、现场教学等教学方法改革，实现"教、学、做、评"一体化，促进学生创新实践能力提升。

三是开展丰富多样的竞赛活动，提高学生创新创业能力和水平。围绕"四创教育"，学校积极开展挑战杯、高校毕业生创业设计大赛、电子设计大赛、计算机软件设计大赛、数学建模竞赛、英语技能竞赛等20多项专业技能大赛活动。此外，每年设立专项资金50万元、校企合作资助资金60万元，支持20项高校毕业生创新创业项目孵化项目。

（四）加强"双师型"教学团队建设

按照重点培养骨干教师与全面提高教师素质相结合、校外培训与校内培养相结合、引进专任教师与聘任兼职教师相结合的"三结合"原则，建立应用技术类专业教师实践能力培养机制，初步形成一支"专兼聘相结合"、适应学校发展需要的双师教学团队。

一是大力实施"双聘计划"。依托学科专业优势和产学研合作平台，通过"校本培养、社会引进、企业外聘"等，完善教师与企业技术人员"互兼互聘、双向交流"机制，积极推进"双聘"制度，在学校、院系两个层面聘任企业人才，从行业企业聘用兼职教师，全过程参与应用型人才的培养，努力打造高素质的"双师"教学团队和科技创新团队。

二是大力实施"双师计划"。选派实践性需求较强的专业教师到联盟单位企业生产一线和相关机构，参加专业实践、科技研发、"横向"课题合作、企业兼职等，进行实践技能和职业素养培训，支持教师考取行业特许资格证书，并对双师型教师在职称评聘中优先考虑，激励教师提升创新实践能力。

三是大力实施"双创计划"。选派业务骨干组团赴行业企业、兄弟院校及台湾地区高校进行创新创意种子教育培训，提升教师的创新创意和实践能力。试点工作自实施以来，该校先后派出 3 批 60 余名骨干教师参加创新创意种子培训，34 人获 KAB 创业讲师资格认证，为应用型人才培养提供了有力支撑。

（五） 积极拓宽国际合作与交流

围绕转型发展与应用技术大学建设，加强与欧洲国家应用技术类型高校联盟、协会和高校开展合作交流，借鉴欧洲应用技术类型高校人才培养标准、人才培养模式、专业课程、教材体系等优质和特色高等教育资源。2013 年以来，先后与英国斯旺西大学、德国吕贝克应用科技大学、英国班戈大学、乌克兰国立柴可夫斯基音乐学院和基辅大学、英国考文垂大学、俄罗斯喀山联邦大学、英国阿伯瑞斯特维斯大学、芬兰卡雷利亚应用科技大学等 15 所国（境）外知名应用技术大学签订国际交流与合作项目，外籍教师来校任教 50 多人次，组织 700 多名学生赴国（境）外合作高校进行交流学习，每年选派 20 多名优秀教学、科研与管理骨干到国外应用技术大学学习深造。

五 推动河南省地方高校转型发展的对策建议

（一） 基本思路

河南省地方高校向应用技术大学转型不仅是发展方向的战略调整，更是大学治理模式的深刻变革。河南省在继续推进高等教育管理体制和投资体制改革的基础上，应进一步简政放权，继续深化高等教育办学体制改革。高校应以更好地服务河南经济社会发展为导向，破除对传统高等教育管理模式的路径依赖，加强大学内部治理结构的完善和改革，建设符合河南实际的现代大学制度。要在立足自身改革与发展的同时，积极争取更多外部资源，协调中央政府资金支持，扩大高等教育领域开放，加强国际交流与合作，提升河南省地方高校的竞争力。

（二）　对策建议

1. 大力推进河南省地方本科高校转型工作

目前，河南省已经分两批启动了 15 所试点本科院校向应用技术大学转型。第一批 5 所院校包括：黄淮学院、洛阳理工学院、许昌学院、黄河科技学院、安阳工学院。第二批 10 所院校包括：河南工程学院、南阳理工学院、南阳师范学院、周口师范学院、商丘师范学院、平顶山学院、河南牧业经济学院、安阳师范学院、郑州轻工业学院、信阳师范学院。按照计划，第一批试点院校要在 2015 年底前完成成果验收，第二批试点院校在 2014 年底出台符合自身实际的转型发展规划。在推进各试点院校转型发展过程中，要及时总结转型发展工作经验和成果，形成典型示范效应。通过试点，进一步研究制定河南省地方高校分类标准、完善配套政策、改革评价机制、探索高校分类拨款机制等措施，引导各高校根据实际科学定位，在不同层次、领域办出特色。对承担国家和省级试点的院校应加大经费支持和工作指导力度。鉴于教育部正在研究制定《关于开展部分普通本科高校转型发展试点的指导意见》，建议把地方本科院校转型发展作为河南省高等教育结构调整的突破口，列为"十三五"高等教育改革的重点。

2. 深化高等教育管理体制和办学体制改革

管理体制的改革始终是高等教育改革的重中之重。新时期，政府应继续加大简政放权力度，给予高校在招生、收费、专业设置、学位授予、对外合作与交流、机构设置、职称评聘、经费等方面的自主权，使高校真正成为参与市场竞争的主体。不仅如此，还应加大高等教育办学体制改革来深化管理体制改革。从发达国家的经验看，高等教育多样化既包括高校类型的多样化，还包括办学主体的多样化。办学主体的多样化，将直接导致投资渠道的多样化。河南省高等教育投资长期不足，与办学主体较为单一有直接关系。因此，河南省在深化高等教育管理体制和投资体制改革的同时，应加快办学体制改革，确立民办高校在地方高校转型发展中的重要地位，发挥其积极作用，改善民办教育发展环境，逐步建立以政府办学为主、社会积极参与、各方面联合办学的体制。

3. 加快现代大学制度建设

现代大学制度的核心是在政府宏观调控指导下，大学依法自主办学，实行科学管理。其内涵涉及规范和理顺大学与政府、大学与社会关系和大学内部治理结构的改革。在与政府和社会的关系上，强调尊重教育规律，面向社会需求，赋予办学者更多的自主权；在学校内部层面上，强调依法自主、党委领导、校长负责、教授治学、民主管理。基于这样的要求，河南省在推动地方高校转型发展中应当突破原有的制度束缚，对高校实行更加宽松的政策，立足于加快建设符合现代大学制度要求的新机制，让其根据自身发展的需要深化改革，依法办学、自主管理、提升质量、彰显特色，优化教师队伍，激发内部活力，完善治理结构。

4. 积极争取中央政府资金支持

以教育部、国家发展改革委、财政部制定的《中西部高等教育振兴计划（2012－2020 年）》为契机，积极争取河南省地方高校在整体高等教育资源配置中的相关利益，争取中央财政对河南省地方高校转型的支持。一方面，申请中央财政加大转移支付力度，弥补河南省作为农业大省、人口大省对高校地方财政投入的不足，更好地实现区域间高等教育均衡发展。另一方面，积极推荐具有自身发展特色、与地方经济社会互动紧密的地方高校，申请中央政府的专项资金支持。深入实施省部战略合作协议，不断拓宽合作领域，提升合作层次。

5. 加强国际交流与合作

在国家整体推进应用技术大学"1＋1"国际合作框架下，河南省应积极遴选合作学校和专业群，确定合作对象，与世界知名应用技术大学开展广泛深入的交流与合作，积极引进其优质特色教育资源，包括办学理念、优秀师资、人才培养模式、培养标准、专业课程、教材体系等；并进一步与国外高水平应用技术类高校合作举办本科以上教育机构或教育项目，设立教师交流、学生交流、科研合作等项目。

附件2
有关调查问卷（卷1～3）

河南高校毕业生就业质量调查问卷1

您好！

为了全面了解当前河南省高校毕业生就业情况，准确评价在河南工作的高校毕业生就业质量真实状况，并为有关部门出台政策提供基础材料和参考依据，我们特进行此次问卷调查。为了便于有针对性地进行课题研究，本问卷调查的对象主要是近三年毕业并在河南境内实现就业的大专学历以上（包括硕士研究生和博士研究生）的高校毕业生。

本调查问卷不需要您签名，也不需要您填写工作单位名称，所选择的答案或填写的数据也不涉及是否正确，仅供我们研究参考。我们将遵守国家有关法律，对您填写这份问卷保密，保证不会对您的合法权益带来不利影响，请您放心。

谢谢您的支持与协助！

河南高校毕业生就业质量分析与对策研究

2016 年 8 月 10 日

一　您的基本信息

1. 您的性别：（　　）　　　A. 男　　B. 女
2. 您毕业的院校：
3. 您已毕业几年？（　　　）

A. 一年　　　　　B. 二年　　　　　C. 三年　　　　　D. 四年

E. 五年及以上

5. 您的学历情况：（　　）

A. 大专　　　　　B. 本科　　　　　C. 硕士及以上

6. 您的学校属于：（　　）

A. 一本　　　　　B. 二本　　　　　C. 三本　　　　　D. 高职高专

7. 您现在的工作地点：（　　）

A. 郑州　　　　B. 河南省辖地厅级市　　　C. 河南省辖县或县级市

8. 您目前的单位性质：（　　）

A. 政府机关　　　B. 事业单位　　　　C. 国有企业

D. 私（民）营企业（包括自主创业者）　E. 外资企业　F. 其他＿＿＿

9. 您目前的单位属于哪个行业？（　　）

A. 农林牧渔业　　　　　　　　B. 采矿业　　　　　C. 制造业

D. 电力、燃气及水的生产和供应　　E. 建筑业

F. 交通运输、仓储和邮政　　　G. 信息传输、计算机服务和软件业

H. 批发和零售　　　　　　　I. 住宿和餐饮业

J. 金融业　　　　　　　　　K. 房地产业

L. 租赁和商务服务　　　　　M. 科学研究、技术服务和地质勘查

N. 水利、环境和公共设施管理　O. 居民服务和其他服务

P. 教育　　　　　　　　　　Q. 卫生、社会保障和社会福利

R. 文化、体育和娱乐业　　　S. 公共管理和社会组织

T. 国际组织

10. 您目前的工作属于哪个产业？（　　）

A. 第一产业　　　　B. 第二产业　　　　C. 第三产业

注：第一产业指农业（包括农林牧副渔），第二产业指工业和建筑业等，第三产业指服务部门和流通部门。

二　您的就业质量状况

1. 您目前的实际收入（包括奖金及各类社会保险和住房公积金）为：

（　　　）

A. 2000 元及以下　　　　　B. 2001～4000 元　　　　C. 4001～6000 元

D. 6001～8000 元　　　　　E. 8001～10000 元　　　　F. 10000 元以上

2. 您的收入中，固定部分占比约为：（　　　）

A. 80% 以上　　　　　　　B. 50%～80%　　　　　　C. 30%～50%

D. 30% 以下

3. 您的工资是否有正常的增长机制？（　　　）

A. 有　　　　　　　　　　B. 没有　　　　　　　　C. 不知道

4. 您参加工作以来调换工作的次数是：（　　　）

A. 没有换过　　　　　　　B. 1～2 次　　　　　　　C. 3～4 次

D. 4 次以上

5. 工作以来您从事每一份工作的平均时间大约为：（　　　）

A. 6 个月以下　　　　　　B. 6～12 个月　　　　　　C. 一年至二年

D. 二年至三年　　　　　　E. 三年以上

6. 您调换工作的主要原因是：（　　　）

A. 收入原因　　　　　　　B. 人际关系或工作环境　　C. 个人发展的原因

D. 专业兴趣原因　　　　　E. 单位的管理原因　　　　F. 其他

7. 您目前的工作是您理想的职业类型吗？（　　　）

A. 是　　　　　　　　　　B. 基本上是　　　　　　　C. 不是

8. 您目前的工作与所学的专业：（　　　）

A. 专业对口　　　　　　　B. 有一定联系，时而用到专业知识

C. 关系甚微，很少用到专业知识　　　　　D. 毫无关系

9. 您目前的工作是不是您擅长的领域？（　　　）

A. 是　　　　　　　　　　B. 基本上是　　　　　　　C. 不是

10. 您对目前的工作是否有兴趣？（　　　）

A. 有兴趣　　　　　　　　B. 还可以　　　　　　　　C. 没兴趣

11. 您是否与目前的工作单位签订劳动合同？（　　　）

A. 签订　　　　　　　　　B. 未签订

12. 您签订的劳动合同期限：（　　　）

A. 一年及以下　　　　　B. 一到三年　　　　　　C. 三年以上

13. 您是否参加了工会组织？（　　　）

A. 参加　　　　　　　　B. 未参加

14. 工作中您的利益诉求能否得到有效回应？（　　　）

A. 能　　　　　　　　　B. 有回应，但效果不理想C. 不回应

15. 您与现在的工作单位劳动关系和谐程度：（　　　）

A. 比较和谐　　　　　　B. 一般　　　　　　　　C. 不和谐

16. 下列五险一金选项中，在现单位您享受了哪些？（　　　）（可多选）

A. 养老保险　　　　　　B. 医疗保险　　　　　　C. 工伤保险

D. 失业保险　　　　　　E. 生育保险　　　　　　F. 住房公积金

17. 您参加社会保险的缴费标准为：（　　　）

A. 当地最低工资标准　　B. 实际应发工资

C. 低于实际应发工资　　D. 高于实际应发工资

18. 您目前的工作单位是否实行带薪休假制度？（　　　）

A. 是　　　　　　　　　B. 否

19. 您目前的工作单位是否为您提供带薪培训？（　　　）

A. 是　　　　　　　　　B. 否

20. 您对单位的整体福利状况的评价：（　　　）

A. 好　　　　　　　　　B. 一般　　　　　　　　C. 差

21. 您对目前工作的满意程度：（　　　）

A. 非常满意　　　　　　B. 满意　　　　　　　　C. 一般

D. 不满意

22. 您认为目前您所在的单位或行业在社会上的声誉如何（就是社会地位如何）？

A. 好　　　　　　　　　B. 一般　　　　　　　　C. 差

23. 您对个人在现单位发展前景的评价：（　　　）

A. 发展前景良好　　　　B. 发展前景一般

C. 看不到发展希望

24. 您的工作加班情况：（　　　）

A. 经常加班 B. 偶尔加班 C. 基本不加班

25. 您的工作强度和压力如何？（ ）

A. 压力很大 B. 比较大 C. 压力一般

D. 工作轻松

26. 您工作单位同事之间的人际关系怎么样？（ ）

A. 良好 B. 一般 C. 紧张

本问卷完毕，再次感谢您的参与！

河南省高校毕业生困难群体就业情况调查问卷 （应届） 2

您好！

为了全面了解当前河南省高校毕业生困难群体就业情况，为有关部门出台就业创业促进政策提供基础材料和参考依据，我们特对 2013～2016 年高校毕业生进行此次问卷调查。本调查问卷不需要您签名，也不需要您填写工作单位名称，所选择的答案或填写的数据也不涉及是否正确，仅供我们研究参考。我们将遵守国家有关法律，对您填写这份问卷保密，保证不会对您的合法权益带来不利影响，请您放心。

谢谢您的支持与协助！

河南省人力资源和社会保障厅课题组

2016 年 8 月

第一部分 A 卷：基本情况

本部分是对你基本情况的了解，请根据自己个人情况，回答以下问题。

1. 你的性别：（ ）男 （ ）女

2. 你家庭所在地：（　　　）城市　（　　　）城镇　（　　　）农村

3. 你在学校申请有国家助学贷款：（　　　）有　（　　　）没有

4. 你的专业是：（　　　）理工科　（　　　）文管科

5. 你的学历层次是：（　　　）本科　（　　　）专科

6. 你的学校是：（　　　）省内重点高校（　　　）省内普通高校（　　　）专科学校（　　　）民办高校

第二部分 B1 卷：就业基本情况调查

7. 毕业后，你会：（　　　）（如果选择 B，请跳至 17 题，8~16 无须填写）

A. 找工作就业　　　　　B 创业　　　　　　　C. 继续考研

D. 等一段再说

8. 根据你所学专业及自身能力，你期望的就业薪酬是：（　　　）

A. 1500~2000 元　　　B. 2000~2500 元　　　C. 2500~3000 元

D. 3000~4000 元　　　E. 更高

9. 你期望在以下地方就业：（　　　）

A. 京广沪深等一线城市　B. 沿海开放城市　　　C. 省会城市

D. 中小城市　　　　　　E. 城镇或乡村　　　　F. 边远地区

10. 你希望的就业单位是：（　　　）

A. 政府机关　　　　　　B. 事业单位　　　　　C. 国有企业

D. 外资企业　　　　　　E. 中外合资　　　　　F. 私营企业

G. 其他_____

11. 在校期间哪些环节将会对你的就业帮助最大（可多选）？（　　　）

A. 基础课程　　　　　　B. 专业课程　　　　　C. 短期实践

D. 专业实训　　　　　　E. 课外学术活动　　　F. 担任学生干部

G. 参加社团、公益活动　H. 其他_____

12. 请选出在你曾经的求职或面试过程中你认为最重要的三项因素：（　　　）

A. 专业知识　　　　　　B. 工作能力　　　　　C. 交际能力

D. 态度   E. 相貌   F. 口才

G. 特长或爱好   H. 学习能力   I. 其他＿＿＿＿

13. 在求职过程中，你优先考虑的因素是（限选三项以内），并排序（   ）

A. 地域   B. 薪酬与福利   C. 单位性质

D. 个人发展空间   E. 家庭期望   F. 其他＿＿＿＿

14. 你获得就业信息的方式有：（   ）（可多选）

A. 现场招聘会   B. 校园信息   C. 求职网

D. 亲朋推荐   E. 其他＿＿＿＿

15. 你是在入学后什么时间开始关注就业信息并考虑就业问题的：（   ）

A. 当年   B. 二年   C. 三年

D. 临近毕业

16. 你对高校毕业生就业政策的了解程度是：（   ）

A. 非常了解   B. 比较了解   C. 一般

D. 不了解

【如果你不打算创业，以下试题（17～27）无须填写】

17. 你选择自主创业的动机是什么（可多选）？（   ）

A. 解决就业   B. 个人偏好   C. 家庭寄托

D. 政策支持   E. 挑战自我   F. 其他＿＿＿＿

18. 你会选择哪个领域创业？（   ）

A. 与自身专业相结合的领域

B. 当今的热门领域

C. 自己感兴趣的领域

D. 启动资金少、容易开业且风险相对较低的行业

E. 其他＿＿＿＿

19. 你有过相关创业项目的工作经验吗？多长时间？（   ）

A. 没有过   B. 有过，一个月内

C. 有过，三个月内   D. 有过，六个月内

E. 有过，六个月以上

20. 你认为学校的创业教育对高校毕业生是否重要？（   ）

A. 非常重要　　　　　　　B. 比较重要　　　　　　　C. 一般

D. 不太重要　　　　　　　E. 很不重要

21. 你对学校的创业教育满意吗？（　　）

A. 非常满意　　　　　　　B. 比较满意　　　　　　　C. 一般

D. 不太满意　　　　　　　E. 很不满意

22. 你认为高校毕业生自主创业面临的最大障碍是什么（可多选）？
（　　）

A. 缺乏相应的知识和能力　　　　　　　B. 缺乏资金

C. 缺乏工作经验

D. 缺乏社会关系或人脉

E. 缺乏合适的项目　　　　　　　F. 个性不适合创业

G. 创业环境差，缺少扶持和保障　　　　　　　H. 家人反对

I. 其他_____

23. 你认为对高校毕业生创业教育最好的方法是（可多选）：（　　）

A. 请成功人士讲授经验

B. 到创业成功的企业实地考察

C. 在新闻媒体多宣传成功创业人士的经验

D. 设立高校毕业生创业基金

E. 设立高校毕业生创业启动项目

F. 建立校企联合的创业基地

24. 你认为自己在创业中最需要得到提升的是哪方面能力（可多选）？
（　　）

A. 创新能力　　　　　　　B. 市场调研能力　　　　　　　C. 独立思考能力

D. 创业知识的储备　　　　　　　E. 团队合作意识　　　　　　　F. 个人胆识

G. 自立自信自强

25. 你在创业资金的筹集上更倾向于哪种方式（可多选）？（　　）

A. 政府扶持型借款或贷款　　　　　　　B. 银行贷款

C. 吸引风险投资　　　　　　　D. 家庭的投入

E. 自己积累

F. 合作伙伴共同出资

26. 你对政府出台的创业政策熟悉程度如何？（　　　）

A. 非常熟悉　　　　　　B. 比较熟悉　　　　　　C. 一般

D. 不太熟悉　　　　　　E. 很不熟悉

27. 你对目前高校毕业生创业的保障机制（包括政府扶持政策、创业教育培训、金融支持、社会环境等综合因素）是否满意？（　　　）

A. 非常满意　　　　　　B. 比较满意　　　　　　C. 一般

D. 不太满意　　　　　　E. 很不满意

第三部分 C 卷：就业影响因素调查

以下问题是你在就业的过程中，你认为这些因素对你的影响状况，1 - 很不符合，2 - 不太符合，3 - 符合，4 - 比较符合，5 - 非常符合。

1. 专业知识不足　　　　　　　　　　　　　1　2　3　4　5

2. 缺乏求职技巧　　　　　　　　　　　　　1　2　3　4　5

3. 实践动手能力不足　　　　　　　　　　　1　2　3　4　5

4. 缺乏清晰的职业规划　　　　　　　　　　1　2　3　4　5

5. 先就业后择业的态度　　　　　　　　　　1　2　3　4　5

6. 对企业不够了解　　　　　　　　　　　　1　2　3　4　5

7. 对专业证书的依赖　　　　　　　　　　　1　2　3　4　5

8. 择业期望值过高　　　　　　　　　　　　1　2　3　4　5

9. 家庭经济困难导致就业投入不够　　　　　1　2　3　4　5

10. 家庭经济困难影响就业选择　　　　　　　1　2　3　4　5

11. 缺乏社会关系　　　　　　　　　　　　　1　2　3　4　5

12. 家庭就业观念陈旧　　　　　　　　　　　1　2　3　4　5

13. 高校专业设置不合理　　　　　　　　　　1　2　3　4　5

14. 学生缺乏就业能力培训　　　　　　　　　1　2　3　4　5

15. 大学的就业指导力度不够　　　　　　　　1　2　3　4　5

16. 学校知名度　　　　　　　　　　　　　　1　2　3　4　5

17. 就业渠道不畅　　　　　　　　　　　　　1　2　3　4　5

18. 市场对人才需求不足　　　　　　1　2　3　4　5

19. 用人单位存在用人盲目性和高消费　1　2　3　4　5

20. 政府公共就业服务有效　　　　　　1　2　3　4　5

河南省高校毕业生困难群体就业情况调查问卷 （往届） 3

请先填写：	您是_____年的毕业生

您好！

为了全面了解当前河南省高校毕业生困难群体就业情况，为有关部门出台就业创业促进政策提供基础材料和参考依据，我们特对 2013～2016 年高校毕业生进行此次问卷调查。本调查问卷不需要您签名，也不需要您填写工作单位名称，所选择的答案或填写的数据也不涉及是否正确，仅供我们研究参考。我们将遵守国家有关法律，对您填写这份问卷保密，保证不会对您的合法权益带来不利影响，请您放心。谢谢您的支持与协助！

河南省人力资源和社会保障厅课题组

2016 年 8 月

第一部分 A 卷：基本情况

本部分是对你基本情况的了解，请根据自己个人情况，回答以下问题。

1. 你的性别：（　　）男　　　　（　　）女

2. 你家庭所在地：（　　）城市　　（　　）城镇　　（　　）农村

3. 你在学校申请有国家助学贷款：（　　）有　　（　　）没有

4. 你的专业是：（　　）理工科　　（　　）文管科

5. 你的学历层次是：（　　　）本科　　（　　　）专科

6. 你的学校是：（　　　）省内重点高校　　（　　　）省内普通高校

（　　　）专科学校　　（　　　）民办高校

第二部分 B2 卷：就业基本情况调查

7. 你目前的就业状况（　　　）（选择 B、C、E、F 访问结束）

A. 工作中　　　　　　B. 继续考研　　　　　　C. 在读研究生

D. 创业（选择 D 请跳至 17 题）

E. 待业　　　　　　F 其他_____

8. 你目前的薪酬、收入是（　　　）：

A. 1500～2000 元　　B. 2000～2500 元　　C. 2500～3000 元

D. 3000～4000 元　　E. 更高_____

9. 你的就业单位所在地：（　　　）

A. 京广沪深等一线城市　　　　　　　　B. 沿海开放城市

C. 省会城市　　D. 中小城市　　E. 城镇或乡村

F. 边远地区　　G. 其他_____

10. 你就业的单位是：（　　　）

A. 政府机关　　B. 事业单位　　C. 国有企业

D. 外资企业　　E. 中外合资　　F. 私营企业

E. 其他_____

11. 在校期间哪些环节对你的就业帮助最大（可多选），并排序：__

_____

A. 基础课程　　B. 专业课程　　C. 短期实践

D. 专业实训　　E. 课外学术活动　　F. 担任学生干部

G. 参加社团、公益活动　　　　　　H. 其他_____

12. 请选出在你求职或面试过程中你认为最重要的三项因素，并排序：

_____

A. 专业知识　　B. 工作能力　　C. 交际能力

D. 态度　　　　E. 相貌　　　　F. 口才

G. 特长或爱好　　　　H. 学习能力　　　　I. 其他_____

13. 在求职过程中，你优先考虑的因素是（限选三项以内），并排序__

_____

A. 地域　　　　　　　B. 薪酬与福利　　　　C. 单位性质

D. 个人发展空间　　　E. 家庭期望　　　　　F. 其他_____

14. 你获得就业信息的方式有：（　　　）（可多选）

A. 现场招聘会　　　B. 校园信息　　　　C. 求职网

D. 亲朋推荐　　　　E. 其他_____

15. 你现在从事的工作与大学学习专业之间的关联度：（　　　）

A. 专业非常对口　　　　　　　　　B. 专业基本对口

C. 专业不对口但相关　　　　　　　D. 专业完全不相关

16. 你对目前工作状况的满意度：（　　　）

A. 非常满意　　　B. 比较满意　　　C. 基本满意

D. 不太满意　　　E. 很不满意

【如果你毕业后没有创业，以下试题（17～27）无须填写】

17. 你选择自主创业的动机是什么？可多选（　　　）

A. 解决就业　　　B. 个人偏好　　　C. 家庭寄托

D. 政策支持　　　E. 挑战自我　　　F. 其他_____

18. 你正在创业的项目是哪个领域的？（　　　）

A. 与自身专业相结合的领域

B. 当今的热门领域

C. 自己感兴趣的领域

D. 启动资金少、容易开业且风险相对较低的行业

E. 其他_____

19. 你在校期间有过相关创业项目的工作经验吗？多长时间？（　　　）

A. 没有过　　　　B. 有过，一个月内　　C. 有过，三个月内

D. 有过，六个月内　E. 有过，六个月以上

20. 你认为学校的创业教育对高校毕业生是否重要？（　　　）

A. 非常重要　　　B. 比较重要　　　C. 一般

D. 不太重要 　　　　　E. 很不重要

21. 你对学校的创业教育满意吗？（　　）

A. 非常满意 　　　　　B. 比较满意 　　　　　C. 一般

D. 不太满意 　　　　　E. 很不满意

22. 你认为高校毕业生自主创业面临的最大障碍是什么（可多选）？
（　　）

A. 缺乏相应的知识和能力 　　　　　B. 缺乏资金

C. 缺乏工作经验 　　　　　D. 缺乏社会关系或人脉

E. 缺乏合适的项目 　　　　　F. 个性不适合创业

G. 创业环境差，缺少扶持和保障 　　　　　H. 家人反对

I. 其他_____

23. 你认为对高校毕业生创业教育最好的方法是（可多选）：（　　）

A. 请成功人士讲授经验

B. 到创业成功的企业实地考察

C. 在新闻媒体多宣传成功创业人士的经验

D. 设立高校毕业生创业基金

E. 设立高校毕业生创业启动项目

F. 建立校企联合的创业基地

24. 你认为自己在创业中最需要得到提升的是哪方面能力（可多选）？
（　　）

A. 创新能力 　　　B. 市场调研能力 　　　C. 独立思考能力

D. 创业知识的储备 　　　E. 团队合作意识 　　　F. 个人胆识

G. 自立自信自强

25. 你在创业资金的筹集上更倾向于哪种方式（可多选）？（　　）

A. 政府扶持型借款或贷款 　　　　　B. 银行贷款

C. 吸引风险投资 　　　　　D. 家庭的投入

E. 自己积累 　　　　　F. 合作伙伴共同出资

26. 你对政府出台的创业政策熟悉程度如何？（　　）

A. 非常熟悉 　　　　　B. 比较熟悉 　　　　　C. 一般

D. 不太熟悉　　　　　E. 很不熟悉

27. 你对目前高校毕业生创业的保障机制（包括政府扶持政策、创业教育培训、金融支持、社会环境等综合因素）是否满意？（　　　）

A. 非常满意　　　　　B. 比较满意　　　　　C. 一般

D. 不太满意　　　　　E. 很不满意

第三部分 C 卷：就业影响因素调查

以下问题是你在就业的过程中，你认为这些因素对你的影响状况，1 - 很不符合，2 - 不太符合，3 - 符合，4 - 比较符合，5 - 非常符合。

1. 专业知识不足 　　　　　　　　　　1　2　3　4　5
2. 缺乏求职技巧 　　　　　　　　　　1　2　3　4　5
3. 实践动手能力不足 　　　　　　　　1　2　3　4　5
4. 缺乏清晰的职业规划 　　　　　　　1　2　3　4　5
5. 先就业后择业的态度 　　　　　　　1　2　3　4　5
6. 对企业不够了解 　　　　　　　　　1　2　3　4　5
7. 对专业证书的依赖 　　　　　　　　1　2　3　4　5
8. 择业期望值过高 　　　　　　　　　1　2　3　4　5
9. 家庭经济困难导致就业投入不够 　　1　2　3　4　5
10. 家庭经济困难影响就业选择 　　　　1　2　3　4　5
11. 缺乏社会关系 　　　　　　　　　　1　2　3　4　5
12. 家庭就业观念陈旧 　　　　　　　　1　2　3　4　5
13. 高校专业设置不合理 　　　　　　　1　2　3　4　5
14. 学生缺乏就业能力培训 　　　　　　1　2　3　4　5
15. 大学的就业指导力度不够 　　　　　1　2　3　4　5
16. 学校知名度 　　　　　　　　　　　1　2　3　4　5
17. 就业渠道不畅 　　　　　　　　　　1　2　3　4　5
18. 市场对人才需求不足 　　　　　　　1　2　3　4　5
19. 用人单位存在用人盲目性和高消费　1　2　3　4　5
20. 政府公共就业服务有效 　　　　　　1　2　3　4　5

附件3
2017年河南人社系统最新出台的
有关扶持政策

河南省人力资源和社会保障厅
关于做好 2017 年高校毕业生就业创业工作的通知

豫人社办〔2017〕61 号

各省辖市、省直管县（市）人力资源和社会保障局、厅高校毕业生就业工作领导小组成员单位：

2017 年我省高校毕业生总量达到 51.8 万人，就业压力依然很大，就业任务更为繁重。各地要认真贯彻国家和我省关于高校毕业生就业创业工作的重要决策部署，坚持把高校毕业生就业摆在就业工作首位，以实施高校毕业生就业创业促进计划为抓手，拓宽就业渠道，完善精准服务，强化困难帮扶，确保今年高校毕业生就业水平不降低。根据人力资源社会保障部《关于做好 2017 年全国高校毕业生就业创业工作的通知》（人社部函〔2017〕20 号）精神，现就做好我省 2017 年高校毕业生就业创业工作通知如下：

一　落实完善政策，促进高校毕业生多渠道就业

各地要结合实际落实完善各项就业创业扶持政策，促进高校毕业生多渠道就业。要结合当地经济发展状况和产业特色，多层次、多方位挖掘就业需求，开发优质岗位，落实工资待遇、税收优惠、社保补贴、创业担保贷款等就业扶持政策。统筹实施"政府购岗"、"三支一扶"等基层服务项

目，鼓励和支持毕业生到城乡基层、中小微企业就业和创业。要进一步简化业务办理流程，推行一个窗口受理、一站式办理、在线办理，确保各项扶持政策及时兑现。要积极推进国有企业招聘应届高校毕业生信息公开，健全毕业生到基层工作的服务保障机制。要发挥市场配置人力资源的决定性作用，加强人力资源市场监管，严厉打击招聘过程中的欺诈行为，及时纠正各类就业歧视，维护毕业生就业权益。

二　注重创业引领，促进以创业带动就业

各地要切实抓好创业引领行动的组织实施，力促各项帮扶措施落地见效，为高校毕业生创业提供全方位支持。要落实好创业项目扶持、开业补贴、创业孵化补贴等支持创业的扶持政策，发挥创业带动就业作用。加大毕业生创业培训工作力度，组织举办创业引领者专项活动暨创业培训讲师大赛，加强师资队伍建设，创新培训模式，提升培训针对性和实效性，同时配合教育部门和高校深化创新创业教育改革，组织高校毕业生参加创业模拟、实训等创业实践活动，帮助毕业生增强创业能力。要进一步强化公共就业服务机构创业服务功能，发挥好创业孵化基地、高校毕业生创业园、创客空间等创业服务载体的作用，充分发挥大众创业导师的作用，广泛开展各类创业服务和创业活动，为创业者提供专业化指导。用好政府购买服务、政府与社会资本合作机制，动员创业服务行业领军企业参与到高校毕业生创业培训和服务中来，改善创业培训和服务供给，提升创业培训、创业服务的水平和效率。鼓励高校毕业生积极参与"豫创天下"等创业大赛、创业项目展示交流、创业主题宣传等活动，努力营造高校毕业生创业创新的社会氛围。

三　强化就业服务，促进高校毕业生尽快实现就业

各地要以落实高校毕业生就业创业促进计划为着力点，会同教育部门及各高校抓紧制定计划实施方案，细化措施，重点是建立健全涵盖校内校外各阶段、求职就业各环节、就业创业全过程的服务体系，加强工作衔接和情况交流，督促推进行动计划，确保实施成效。要联合教育部门和各高

校开展校园精准服务行动，组织公共就业人才服务进校园，选择一批高级职业指导师为毕业生提供专门指导，组织学生参观人力资源市场，配合高校举办校园招聘活动，主动提供一批岗位信息，帮助更多毕业生在离校前落实就业岗位。要做好毕业生离校前后的信息衔接，城市人力资源社会保障部门要及时向所在地高校了解掌握毕业生基本情况，及早与教育部门、高校衔接未就业毕业生实名信息，共同建立登记完善信息反馈、信息核查、跟踪服务制度，确保信息真实完整、服务有效接续。各地公共就业人才服务机构要对未就业的毕业生逐人摸排联系，利用管理系统记录其就业需求和联系信息，针对需求开展个性化就业帮扶，对就业困难和长期失业毕业生要提供"一对一"援助服务和政策扶持。搞好高校毕业生就业技能培训，提升毕业生技能水平和职业发展能力。健全就业见习制度，拓展见习岗位，提升见习质量，全年就业见习人数不少于 2 万人。

各地要适应高校毕业生多元化就业需求，加强和改进就业服务，更好促进供需匹配。要结合本地经济社会发展需要和毕业生求职就业特点，继续开展民营企业招聘周、就业服务月、服务周、大中城市联合招聘等专项服务活动，有针对性地组织专业化、小型化、行业化招聘服务，发挥各类人力资源服务企业的作用，通过购买服务的方式扩大社会化服务供给，做好对企业的用人指导，进一步提高服务实效。推进公共就业人才服务机构实体大厅服务向网络服务延伸，运用微信、微博、手机 APP 等平台，多渠道、点对点发布和推送就业信息，精准促进人岗匹配，打造便捷高效的"互联网＋就业服务"模式。要着力夯实服务基础，健全离校未就业高校毕业生实名信息数据库，动态更新就业进展情况，实现信息共享和业务协同，提升就业管理服务信息化水平。

各级各有关部门要认真落实国家和省对人力资源社会保障基本公共服务事项的统一要求，规范和简化公共服务流程，精简办事程序，做好高校毕业生就业失业登记服务工作。毕业年度高校毕业生在校期间凭学生证向就业创业地公共就业人才服务机构申领《就业创业证》，或委托所在高校就业指导中心向当地公共就业人才服务代为申领，离校后未就业毕业生可直接向求职创业地公共就业和人才服务机构申领《就业创业证》。公共就业人才服务机构要对申请登记的毕业生及时核发《就业创业证》并将实名信息登记入库，不得以人户分离、户籍不在本地或没有档案等为由不予受理。

四、加强组织领导，共同做好高校毕业生就业创业工作

各地要加强对高校毕业生就业创业工作的组织领导，依托就业创业工作领导小组协调机制，组织和动员各有关单位发挥职能优势，特别是与教育部门加强协同配合，综合施策，形成促进高校毕业生就业创业工作的合力。要加强对此项工作的督促和检查，建立定期调度、通报、考核、问责等工作推进机制，对任务重、压力大的地区要重点督促指导。要密切跟踪高校毕业生就业形势变化，根据就业新情况、新特点，研究完善有针对性的政策措施，制定应对特殊情况的预案。要加强高校毕业生就业创业宣传工作，借助各地主流新闻媒体，做到广播有声、电视有影、报纸有文，政策条文主动公开，政策解读跟进到位，让服务对象对政策项目和申办流程应知尽晓。同时鼓励各地及时总结推广先进地区的经验做法和创新实践，积极宣传毕业生主动投身基层一线就业和创业的典型事迹，引导树立正确舆论导向，营造良好社会氛围。

2017 年 4 月 28 日

河南省人力资源和社会保障厅　河南省教育厅
关于实施河南省高校毕业生就业创业促进计划的通知

豫人社〔2017〕14 号

各省辖市、省直管县（市）人力资源和社会保障局、教育局（教委），各高等学校：

高校毕业生是宝贵的人才资源，高校毕业生就业关系河南经济发展、民生改善和社会稳定大局。为进一步做好高校毕业生就业创业工作，根据人力资源和社会保障部、教育部《关于实施高校毕业生就业创业促进计划的通知》（人社部发〔2016〕100 号）精神，省人力资源社会保障厅、教育

厅决定从 2017 年起实施"河南省高校毕业生就业创业促进计划"。现就有关工作通知如下：

一　指导思想

深入贯彻党中央、国务院和省委、省政府关于促进高校毕业生就业创业的决策部署，坚持使市场在资源配置中起决定性作用和更好发挥政府作用相结合，坚持促进就业和鼓励创业相结合，坚持政策引导和服务创新相结合，针对高校毕业生就业创业特点，发挥政府、高校、社会等各方面作用，加强政策统筹，整合利用资源，畅通就业渠道，改善就业环境，建立健全促进高校毕业生就业创业的长效机制。

二　目标任务

把有就业创业意愿的高校毕业生全部纳入就业创业促进计划，运用各项政策措施和服务手段综合施策，精准发力，促进高校毕业生就业创业能力全面提升，创新创业活力进一步增强，有就业创业需求的及时得到有针对性的指导服务和政策支持，市场供需匹配效率进一步提高，高校毕业生就业权益得到有效保障，努力实现高校毕业生就业保持较高水平。

三　主要措施

实施能力提升、创业引领、校园精准服务、就业帮扶、权益保护五大行动，加强部门协同、信息共享、工作对接，促进高校毕业生就业创业。

（一）　能力提升行动

1. 帮助高校毕业生树立正确的成才观和就业观，建立科学的就业创业指导课程体系，全面提升高校毕业生就业创业能力，把学生职业发展与就业创业指导课程贯穿于整个人才培养体系全过程，进一步完善学科建设、课程设计，纳入教学计划和学分管理。开展高校毕业生就业创业能力评价，并将评价结果反馈高校。完善就业创业指导课程内容，深入开展个性化辅导与咨询，帮助毕业生科学规划职业生涯，增强职业素养，提升求职就业能力。开展多种形式的模拟实训、职业体验等实践教学活动，有条件的还可组织参观人力资源市场，进行职业能力测评等现场指导，增强毕业生实践能力。

2. 有计划、有组织地开展就业创业师资培养工作，积极聘请专家学者、企业人力资源经理、优秀校友担任就业创业导师。落实好高校就业创业指导队伍培训工作，分层次、分类别开展专题培训。在专业技术职务评聘中充分考虑就业创业指导教师的工作性质、工作业绩，并在同等条件下予以适当倾斜，推进高校就业创业指导教师队伍职业化、专业化、专家化。

3. 开展高校毕业生技能就业专项活动，选择一批优质职业培训机构、高等院校、职业院校（含技工院校）和实训基地，加强职业培训，提升毕业生技能水平和就业能力。各地公共就业和人才服务机构要联合高校开展有针对性的就业创业指导活动，使每名毕业生都能得到至少一次就业技能培训、创业培训或专业化的职业指导，每名就业困难毕业生都能得到至少一次个性化咨询辅导。

（二） 创业引领行动

4. 把鼓励创业作为扩大就业的重要方向，完善支持高校毕业生创业的政策制度和服务体系，进一步扩大高校毕业生创业规模。

5. 把创新创业教育作为教育改革的突破口，指导高校将创新创业教育融入人才培养全过程，开发开好创新创业教育课程，制定学分转换、弹性学制、保留学籍休学创业等措施，开展各类创业实践活动，增强高校毕业生创新精神、创业意识和创新创业能力。

6. 开展适合高校毕业生特点的网络创业培训，创新推动"互联网＋"创业培训模式，强化创业实训，针对高校毕业生创业不同阶段的需求开发合适的创业培训课程，使每一个有创业意愿和培训需求的毕业生都有机会获得有效的创业培训。

7. 落实好创业项目扶持、开业补贴、创业孵化补贴等支持创业的措施，会同有关部门简化工商登记手续，提供企业开户便利，按规定给予税费减免优惠，为高校毕业生创业开辟"绿色通道"。

8. 拓宽多元化资金支持渠道，落实创业担保贷款政策，支持高校的就业创业服务部门、高校毕业生创业孵化园和社会组织为高校毕业生创业贷款提供担保；鼓励天使基金、风险投资和创业投资基金等社会资本，以多种方式支持高校毕业生创业。

9. 加快推进中国中原高校毕业生创业孵化示范园建设，通过"一中心、多基地"的模式，带动全省高校"双创"示范平台建设；支持发展一批众创空间等新型平台，到 2020 年，郑、洛、新国家自主创新示范区内的职业技术院校全部建成创业孵化基地；大力支持河南省高校毕业生就业创业综合服务基地建设，认定一批"河南省高校毕业生创新创业实践示范基地"，发挥其辐射带动和示范作用；鼓励各地统筹利用资源推进高校毕业生创业园、留学人员创业园和创业孵化基地等创业孵化载体建设，为高校毕业生提供低成本场所支持和孵化服务，并对符合条件的给予一定的场租补贴。

10. 加强创业公共服务，探索建立公共服务机构与市场主体合作机制，协调有关方面构建覆盖院校、园区、社会的创业公共服务体系；建设全省高校毕业生创客联盟，促进高校毕业生创客和孵化资源交流对接，推进高校毕业生创新创业项目加速落地转化；持续开展"创业服务进校园"活动，鼓励高校毕业生积极参与中国"互联网＋"高校毕业生创新创业大赛和全省的创业创新大赛，营造良好的创业氛围；组建全省创业指导师团队，鼓励创业导师与省属高校实行一对一或一对多结对服务，举办创业大讲堂、创业论坛加强创业交流，为高校毕业生创业提供全方位支持。广泛宣传创新创业先进典型，激发高校毕业生创新创业热情，逐步提高高校毕业生创新创业比例和成功率。

（三） 校园精准服务行动

11. 强化毕业生在校期间公共就业服务，多渠道搭建校内外资源信息对接的服务平台，建立精准推送就业服务机制，进一步提升人岗匹配效率。进一步加大投入，完善省大中专学生就业创业公共服务云平台建设。建立毕业生求职意愿信息数据库和用人单位岗位需求信息数据库。组织开展毕业生就业信息调查，详细了解每名毕业生的求职地域、就业意愿等需求。要向社会发布本校专业学科设置、毕业生规模结构等信息，方便各类用人单位了解毕业生情况、确定招聘需求。通过与企业洽谈、调动校友资源、与人力资源和社会保障部门对接等多种途径，广泛收集用人需求信息。尽快建立全省经济社会发展对高校毕业生人才需求预测机制，适时发布阶段性人才需求预测报告。积极精准对接服务平台，运用微信、微博、手机移动客户端等技术手段，将毕业生数据库与用人岗位数据库对接，根据需求推送岗位、政策、服务等信息，促进供需精准匹配。充分发挥校园市场的主体作用，根据供求双方特点，分层次、分类别、分行业举办各类招聘活动，提高招聘服务效率。落实就业补助资金补贴政策，按年度对高校开展的招聘会、创业大赛等专项服务活动给予补贴。

12. 对困难毕业生实行"一生一策"动态管理，加大困难帮扶力度，准确掌握家庭困难特别是建档立卡贫困家庭、零就业家庭毕业生，以及少数民族、农村生源、残疾等毕业生的具体情况，做好个性化指导和岗位推荐，及时发放困难毕业生求职创业补贴，帮助更多就业困难毕业生在离校前落实就业岗位。

13. 结合政府购买基层公共管理和社会服务开发就业岗位，统筹实施基层服务项目，做好高校毕业生征兵等组织工作，落实好基层就业学费补偿、助学贷款代偿政策。

14. 积极开展就业创业服务进校园活动，组织政策宣讲，提供岗位信息，重点办好河南省"圆梦中原"系列校园招聘、河南省产业集聚区企业与高校毕业生岗位对接洽谈、春季大型招聘会专项服务活动，推进公共就业人才服务网与高校校园网、新职业网、中国公共招聘网互联互通和岗位信息跨区域共享，为毕业生求职就业提供更加便捷高效的就业服务。

（四） 就业帮扶行动

15. 健全离校未就业高校毕业生实名信息数据库。各相关部门和高校要加强协作，在毕业生离校前后及早开展信息衔接工作，加强信息校核，确保核心数据信息完整，指标统一。通过免费发放《就业创业证》、办理求职登记、报到接收等相关业务和政策扶持，对本辖区内应届高校毕业生开展全方位、全口径的实名登记，完善毕业生实名信息数据库动态管理、跟踪服务及信息校验等基础制度，形成常态化管理服务模式，切实做到信息衔接无障碍，服务对接无缝隙。

16. 将有就业意愿的离校未就业高校毕业生纳入公共就业人才服务范

围，力争使每名有就业意愿的离校未就业高校毕业生在毕业半年内实现就业或参加到就业准备活动中。对本辖区的每名离校未就业毕业生实行逐人联系、了解就业需求，提供职业指导，帮助制定个性化求职就业方案，同时深入企业挖掘岗位信息、了解用人需求，指导企业合理设置招聘条件，向企业推送未就业毕业生信息，积极促进人岗匹配。

17. 提升服务保障能力，将有需求的毕业生组织到职业培训、就业见习等就业准备活动中，每年组织高校毕业生参加就业见习人数不少于 2 万人。重点加强对就业困难毕业生和长期失业毕业生的就业援助，依托应用高校毕业生就业信息管理系统模块，实行专人负责，建立专门台账，并根据他们的基本情况和就业需求，提供"一对一"指导和服务，帮助他们尽快实现就业创业。

（五） 权益保护行动

18. 各地要进一步加强高校毕业生就业管理服务，完善公平、规范、竞争有序的人力资源市场环境，切实保护高校毕业生就业权益。

19. 实施好高校毕业生各项就业创业扶持政策，简化政策操作流程，指导帮助申请就业优惠政策的毕业生做好材料准备、手续申报等事项，加快审批办理进度，确保政策及时兑现。

20. 全面落实国有企业招聘应届高校毕业生信息公开制度，规范招聘行为。

21. 拓宽高校毕业生就业渠道，健全毕业生到基层工作的服务保障机制，帮助他们解决好薪酬待遇、职称评定、落户、档案管理、社会保险转移接续等实际问题，促进人才合理流动。

22. 加强人力资源市场监管，开展人力资源市场秩序清理整顿专项行动，严厉打击非法职业中介和招聘过程中的欺诈行为，依法纠正性别、民族、宗教信仰等就业歧视现象，加大劳动用工、缴纳社会保险费等方面的劳动保障监察力度，维护高校毕业生就业权益，营造公平就业良好环境。

四 工作要求

（一）加强组织领导。各地人力资源社会保障部门、教育部门、各高校要高度重视就业创业促进计划，将其作为高校毕业生就业创业工作的重要抓手，列入工作考核内容，加大对校园招聘、就业创业服务等经费保障力度，切实抓好组织实施。要结合实际制定具体实施方案，充实细化计划内容，明确工作任务、职责分工、时间进度和工作要求。探索创新推进计划实施的有效方式，及时总结经验做法，调整完善工作措施。加强高校毕业生就业数据信息统计监督管理工作，确保就业数据信息真实准确。

（二）加强部门协同。各地人力资源社会保障部门、教育部门、各高校要加强协同配合，建立健全涵盖学校内外各阶段、求职就业各环节、就业创业全过程的服务体系，分工负责、齐抓共管，共同推进计划实施。建立部门间信息通报机制，定期调度工作进展，加强毕业生就业情况交流，同时加大督促检查力度，积极协调解决工作推进中遇到的困难和问题，确保完成计划目标任务。密切跟踪高校毕业生就业形势，根据形势变化有针对性地采取措施。

（三）加强宣传动员。各地人力资源社会保障部门、教育部门、各高校要制定宣传方案，以高校毕业生喜闻乐见的方式，广泛宣传国家和我省促进毕业生就业创业的政策措施，以及就业促进计划的目标任务和行动举措，力争使每名高校毕业生都知晓计划并积极参与。要以实施计划为主题，制作一批宣传资料在公共就业人才服务机构、高校及校园网站、街道社区等场所和平台张贴发布。树立一批高校毕业生就业创业先进典型，加强思想教育，引导广大毕业生树立正确的就业观和择业观，积极主动就业创业。

河南省人力资源和社会保障厅　河南省教育厅

2017 年 3 月 3 日

参考文献

莫荣、王昕宇、丁赛尔：《兼顾数量和质量　促进高校毕业生就业》，《中国劳动保障报》（理论版）2017 年 12 月 9 日。

刘燕斌：《新常态下我国就业形势和思路对策》，《中国劳动保障报》（理论版）2015 年 12 月 23 日。

文正建、郑晓玲：《积极构建科学的高校毕业生就业创业工作评价体系》，《河南教育》（高教版）2016 年第 5 期。

莫荣、陈云：《新常态下的就业形势》，《中国劳动》2015 年第 1 期。

赖德胜、石丹淅：《我国就业质量状况研究：基于问卷数据的分析》，《中国经济问题》2013 年第 5 期。

梅园：《培养大学生多岗位就业能力的途径研究》，《当代教育实践与教学研究》2017 年第 12 期。

李巧巧：《大学毕业生就业质量评价指标体系研究》，硕士学位论文，东北师范大学，2012。

刘红艳：《大学生就业质量影响因素研究》，硕士学位论文，合肥工业大学，2010。

李菲菲：《我国大学生就业质量研究》，硕士学位论文，青岛大学，2012。

曹洪军：《专业设置预测与大学生结构性失业治理》，《学术论坛》2009 年第 5 期。

孔保罗：《大学生就业保障与拉动内需》，《中国金融》2009 年第 4 期。

杨国军：《从欧美经验看我国大学生就业服务体系的完善与创新》，《职业教育》2008 年第 6 期。

刘晨昊：《对我国大学生失业保障制度构建的思考——以加拿大与英国的经验作为启示》，《理论探讨》2010 年第 8 期。

王晓礽：《高校毕业生就业现状及对策分析》，《赤峰学院学报》（汉文哲学版）2010 年第 7 期。

黄中庸、周建民、马俊：《我国大学毕业生就业问题研究状况之回顾与展望》，《辽宁教育研究》2006 年第 7 期。

刘德莉：《从新加坡职业再造计划谈中国大学生就业难题的解决》，《湖南农机》2011 年第 7 期。

杨怀祥：《美国大学生就业服务体系研究及对我国就业指导工作的启示》，《思想教育》2010 年第 1 期。

杨河清、李佳：《大学毕业生就业质量评价指标体系的建立和应用》，《中国人才》2007 年第 8 期。

张峰强、王振宇：《机制：决定企业成败的铁血法则》，东方出版社，2006。

封雷：《新公共管理理论借鉴与政府治理转变》，《法制与社会》2007 年第 3 期。

〔英〕简·莱恩：《新公共管理》，中国青年出版社，2004。

蔡昉：《如何认识当前就业形势》，《人民论坛》2010 年第 4 期。

叶盛楠：《大学生就业的难点与政府作为》，《前沿》2006 年第 9 期。

宋登峰、周爱军：《政府在大学生就业中的定位分析》，《经济论坛》2007 年第 7 期。

曾淑文：《经济新常态下大学生就业路径创新》，《继续教育研究》2017 年第 2 期。

李萍：《由大学生就业问题引发的对社会就业环境的思考》，《教育与职业》2007 年第 18 期。

李小彤：《中小企业发展瓶颈制约大学生就业》，《中国劳动保障报》（理论版）2007 年 1 月 17 日。

郭秀芬、刘宏佺、杨娟茹：《变革环境下的女大学生就业问题探析》，《理论导刊》2005 年第 2 期。

傅鸿飞：《从大学生就业难看中国人才结构培养失衡》，《市场研究》2007 年第 1 期。

蔡昉：《如何认识当前就业形势》，《人民论坛》2010 年第 4 期。

郭欣：《中国当代大学生就业能力培养研究》，博士学位论文，吉林大学，2017。

刘全振：《大学生就业困难的原因分析及指导对策》，《吉林省教育学院学报》2017 年第 7 期。

王琳娜：《大学生就业指导》，北京理工大学出版社，2010。

章洵：《解读就业促进法——大学生就业中政府的责任》，《法制与社会》2007 年第 9 期。

马德浩：《就业政策变迁对大学生人力及社会资本与就业的影响》，硕士学位论文，吉林大学，2017。

方耀媚、杜晓培：《构建大学生和谐就业系统：CAS 的观点》，载《教育研究及教学改革论文集》，同济大学出版社，2007。

席酉民、王亚刚：《和谐社会秩序形成机制的系统分析：和谐管理理论的启示和价值》，《系统工程理论与实践》2007 年第 3 期。

龚惠群、黄超：《大学生就业能力评价指标体系研究——基于南京高校问卷调查的实证分析》，《教育观察》（上半月）2017 年第 23 期。

杨一琼：《大学生就业创业现状调查》，《合作经济与科技》2018 年第 4 期。

韩雪峰、刘洋：《大学生就业偏好群体划分方法》，《社科纵横》2018 年第 1 期。

李胤珠、沈丽萍、刘宏平：《大学生理性择业探究》，《教育教学论坛》2018 年第 4 期。

图书在版编目（CIP）数据

高校毕业生就业实证研究：以河南省为例／李红见
著 . -- 北京：社会科学文献出版社，2018.6
ISBN 978 - 7 - 5201 - 2672 - 4

Ⅰ.①高…　Ⅱ.①李…　Ⅲ.①高等学校 - 毕业生 - 就
业 - 研究 - 河南　Ⅳ.①G647.38

中国版本图书馆 CIP 数据核字（2018）第 092134 号

高校毕业生就业实证研究
——以河南省为例

著　　者／李红见

出 版 人／谢寿光
项目统筹／恽　薇　田　康
责任编辑／关少华　马甜甜

出　　版／社会科学文献出版社·经济与管理分社（010）59367226
　　　　　地址：北京市北三环中路甲 29 号院华龙大厦　邮编：100029
　　　　　网址：www. ssap. com. cn
发　　行／市场营销中心（010）59367081　59367018
印　　装／三河市尚艺印装有限公司

规　　格／开　本：787mm × 1092mm　1/16
　　　　　印　张：12.5　字　数：192 千字
版　　次／2018 年 6 月第 1 版　2018 年 6 月第 1 次印刷
书　　号／ISBN 978 - 7 - 5201 - 2672 - 4
定　　价／78.00 元